可爱高身高管理系列丛书

儿童长高
运动游戏指导

编委会主审	曹 彬　于小干
编委会成员	王 玲　赵原卉　韩忠厚　方文莉　吴荣芹
主　　编	庞 海　陆大江　童梅玲
参　　编	高辰菲　张 莹　侯瑞军　何彦璐　马建军　柯丹丹
插　　画	任路曼　吕 洁

復旦大學出版社

推荐序一

儿童健康是全民健康的重要基石。个体早期的身体活动水平与骨骼和心肺健康、动作发展、认知发展、社会心理健康等方面密切相关,是推动全生命周期健康的早期基础,决定了儿童的成长、学习和生活质量,还关系家庭的幸福和祖国的未来。

《健康儿童行动提升计划(2021—2025年)》明确提出:强化儿童运动指导。儿童每日不同强度的运动时间不少于180分钟,中等强度及以上的运动时间不少于60分钟,减少久坐时间,促进吃动平衡,预防和减少儿童超重和肥胖。[①]

现实情况是,大多数家长往往对中等至较高强度的身体活动给予了较多关注,但从时间比例上来说,它仅占据了一天运动时间的三分之一;较低强度的身体活动(比如玩游戏、做家务、散步等)占据了更多时间。

本书提供了170个运动游戏,操作简单、趣味性强、参与感高,适合儿童在家庭、学校玩耍。让儿童爱上运动,激发他们的兴趣是首要环节。游戏有着独特的魅力和乐趣,可以让儿童沉浸其中,爱上并享受运动,使积极的身体活动像吃饭、刷牙一样

[①] 中华人民共和国国家卫生健康委员会.健康儿童行动提升计划(2021—2025年)[EB/OL].(2021-10-29)[2022-06-03].http://www.gov.cn/zhengce/zhengceku/2021-11/05/content_5649019.htm.

成为日常生活中不可或缺的部分。这些在儿童期养成的良好运动习惯，非常易于延续到成年期并终身保持。

在亲子互动和游戏中，家长每一次耐心的陪伴、平等的竞争，都将对儿童产生潜移默化的影响。在儿童成长的道路上，练习的意义、坚持的力量，如何看待胜负输赢，如何跟伙伴合作，如何尊重对手，包括如何面对外界的看法、期待、压力……都是可以通过积极的身体活动获得的宝贵财富。在积极、正向的养育环境下，儿童会很自然地成长为活泼、健康、自信的人。

儿童的健康与民族繁衍发展息息相关，儿童运动习惯的养成也必然是家庭、学校和社会共同的责任。本书将为家长、教师、儿童保健从业者、儿童运动机构从业者等提供参考和科学指导，帮中国儿童发挥更大的运动潜力，收获更健康的体魄及更坚忍的意志。

曹 彬

国家卫健委妇幼健康司原副巡视员

推荐序二

儿童是国家的未来、民族的希望。促进儿童健康成长,能够为国家可持续发展提供宝贵资源和不竭动力,是建设社会主义现代化强国、实现中华民族伟大复兴中国梦的必然要求。

运动是儿童生长发育的源动力,它不仅像营养和睡眠一样不可或缺,更有着其独特且不可替代的作用。经常参加身体活动,可以充分改善儿童和青少年的体质与健康状况,并能够以多种形式展现出有利的综合效益。明确报道的健康效益包括:降低体脂含量、减少心血管和代谢性疾病风险、增进骨骼健康、减少焦虑和抑郁症状等。与不爱运动的孩子相比,爱运动的孩子表现得更健康、更自信。更重要的是,热爱各种形式身体活动的孩子长大后更有可能成为活跃的成年人,将来还会引导他们的孩子积极玩耍,这将形成一个不断持续的良性循环,从而创造一种新的、更加可持续的生活方式。

国务院在《中国儿童发展纲要(2021—2030年)》中提出:"增强儿童身体素质。……保障儿童每天至少1小时中等及以上强度的运动,培养儿童良好运动习惯。"[1]儿童期是身体、神经

---

[1] 中华人民共和国国务院.中国儿童发展纲要(2021—2030年)[EB/OL].(2021-09-08)[2022-06-03].http://www.gov.cn/zhengce/content/2021-09-27/content_5639412.htm.

系统和各项能力快速发展的时期，也是养成良好习惯的时期。在这一阶段，参加丰富多彩的身体活动可以促进儿童生长发育、提高环境适应能力、促进认知能力和社会心理发展。儿童可以选择包括家庭、学校和社区环境内的玩耍、游戏、体育运动、交通往来、娱乐、体育课或有计划的锻炼等等。

然而，在我国学龄前和学龄期儿童中，一部分儿童存在着运动不足、运动能力发展滞后的问题；另一部分儿童又在一些社会机构中被超前进行各种专项的训练，随时有可能带来不必要的运动伤害，这些都是缺乏科学的指导和建议的结果。

在这样的背景下，由上海体育学院陆大江教授、南京市妇幼保健院童梅玲教授、儿童体格健康运动处方系统研发团队代表庞海共同完成了《儿童长高运动游戏指导》，从帮助儿童生长发育的大原则入手，为儿童精选了170个科学运动和亲子游戏。为广大家庭、托幼机构、学校、儿童保健机构和儿童运动机构提供科学、合理的运动推荐，让运动成为儿童养育文化的必要组成部分，奠定儿童全生命周期健康的早期基础，达到终身运动、终身健康的长期目的。

于小千
中国妇幼保健协会常务副会长兼秘书长

Foreword

世界卫生组织（WHO）在世界卫生大会上确定的2012—2025年全球六大营养目标中，"成年身高"位列第一；联合国儿童基金会在"2015年全球儿童营养框架"中，所说明的第一个儿童长远健康指标即为"成年身高"。

身高是儿童身心健康的标志之一，长高是所有家长对孩子的期望。很多家长都在用自己认为正确的方法帮助孩子长高，但仍有些孩子的身高达不到期望水平，甚至没有达到遗传应有的水平。

其实，影响儿童身高的原因有很多，除了遗传因素，运动、营养、睡眠、情绪等因素都会对身高产生影响。如果父母的身高均不理想，但期望孩子能突破遗传身高，那么就必须要特别关注非遗传因素，努力为孩子提供最适宜长高的生活环境。其中，运动作为儿童生长发育的源动力，不仅像营养和睡眠一样不可或缺，更有着独特且不可替代的作用。

那么，在生长发育关键期，什么样的运动更有利于身高生长呢？怎样运动能改善儿童的不良体姿、体态呢？儿童不喜欢枯燥的运动怎么办？家长在家该如何高质量"陪玩"，提升儿童的运动能力呢？

结合3～10岁儿童的身心特点，本书从体育运动和游戏两方面入手，整理了跳跃、肌肉力量、体态管理、有氧和拉伸五项儿童可以独自训练的"长高运动"和发展儿童身体姿势控制、肢体精细控制、物体控制、移动、平衡、灵敏、协调七项基本动作技能的"亲子游戏"，不仅能帮助身高生长，还有助于身体活动水平的提高和长期运动习惯的形成。

"长高运动"和"亲子游戏"两大部分共整理了170个运动和游戏。每项运动（游戏）均包括插画、动作说明和视频演示。本书除了供家庭亲子运动使用，也可作为学校、运动机构等的教学参考。

具体的使用说明如下：

【长高星级】后均标有星号★，提示该项运动（游戏）对长高的效果：5颗星表示效果好，4颗星表示效果良，3颗星表示效果一般。

【技能发展】为10项儿童综合运动能力的表现，标为橙色字样，为该项运动（游戏）所发展和强化的运动能力。

【动作要领】为该项运动（游戏）的动作说明和玩法说明。

【运动量】为单项运动推荐的运动时长，括号内为动作频率或单次运动时长和推荐组数。

【插画和二维码】插画为动作演示；扫描插画旁的二维码，可以查看该项运动（游戏）的演示视频。

谨以此书献给健康成长的孩子们！

Contents

第一章 儿童长高基础知识

第一节	儿童身高生长的一般规律	3
第二节	儿童身高的个性化评价	5
第三节	科学的身高管理	16
第四节	正确运动有利于儿童长高并受益终身	21

第二章 儿童长高运动

第一节	跳跃运动	33
第二节	有氧运动	50
第三节	肌肉力量运动	56
第四节	拉伸运动	72
第五节	体态管理	89

第三章 家庭亲子游戏

| 第一节 | 身体姿势控制类游戏 | 116 |
| 第二节 | 肢体精细控制类游戏 | 130 |

第三节	物体控制类游戏	142
第四节	移动类游戏	155
第五节	平衡类游戏	169
第六节	灵敏类游戏	182
第七节	协调类游戏	197

附表：3～6岁儿童基本运动技能形式与要求　　211
主要参考文献　　213
长高运动项目索引　　214
亲子游戏项目索引　　216

第一章 儿童长高基础知识

第一节 儿童身高生长的一般规律

儿童身高生长受到包括遗传、内分泌、营养、环境、疾病、社会心理因素等在内的诸多因素的影响,存在一定的个体差异,但所有儿童的身高生长会遵循一个总规律,即连续但不匀速。

一、身高生长的特点:连续性、非匀速性和阶段性

一般来说,婴儿期是儿童身高增长最快的时期,平均增长 25.3~26.1 cm,为第一个生长高峰;幼儿期后生长速度逐渐减慢,1~2 岁平均增长约 12 cm、2~3 岁平均增长约 8.3 cm;学龄前和学龄期儿童身高生长平稳,平均增长 5~7 cm/年;青春期儿童生长加快,出现第二个生长高峰,整个青春期男孩平均增长约 29 cm、女孩平均增长约 25 cm(图 1-1)。

图 1-1 儿童身高生长一般规律

男孩在15岁后身高生长明显减慢，剩余平均生长潜力2～4 cm，16岁后接近成年身高。女孩在13岁后身高生长明显减慢，剩余平均生长潜力3.1～6.3 cm，15岁后接近成年身高（图1-2）。18岁时，儿童生长基本结束，身高达到或近似成年身高。

图1-2 身高停止生长的时间

二、学龄前期和学龄期是长高的黄金期

身高不能决定孩子的一生，但却对孩子的一生产生深远影响。很多家长都寄希望于孩子在青春期实现身高"超越"，可实际情况是，虽然青春期是第二个生长高峰期，但每个孩子的身高增加值不会差太多，女孩约长高25 cm、男孩约长高29 cm。如果在进入青春期前，孩子的身高已经比同龄人偏矮，想在青春期实现追赶是非常困难的。

儿童的身高一直在长，在学龄前和学龄期，儿童的身高生长比较稳定，每年都会保持5～7 cm的生长速度，如果这时候每年都少长2 cm，5年损失的就是10 cm。所以，在学龄前期和学龄期做好身高管理，可以为青春期身高加速生长打下良好基础。

第二节　儿童身高的个性化评价

2009年，首都儿童研究所根据"2005年中国九市7岁以下儿童体格发育调查"和"2005年中国学生体质健康调研"数据，制定了"0～18岁儿童身高体重的百分位数标准值（男/女）"（图1-3）和"中国2～18岁男/女童身高、体重百分位生长曲线"（图1-4），可以帮助家长对孩子的身高进行简单的评价。

一、当前身高评价

身高评价是将个体儿童的测量值与参照值比较，获得儿童身高在同种族、同年龄、同性别人群中所处的位置，通常用百分位数来表示。

可以采用"中国2~18岁男/女童身高、体重百分位生长曲线"（图1-4）得到孩子的身高百分位数：

图1-4中，横坐标为年龄，纵坐标为体重和身高，将年龄和身高连线产生交点会落在曲线图上，从而得出身高百分位数。图1-5中3、10、25、50、75、90、97百分位数曲线为参考曲线，分别代表了相应百分位健康儿童的生长轨迹。

那么，该如何理解这些身高百分位数呢？

身高百分位数表示了"某个个体"在一个"有序排列的集合"中，处于什么位置。

第一章 儿童长高基础知识

0~18岁儿童青少年身高、体重百分位数值表（男）

年龄	3rd 身高(cm)	3rd 体重(kg)	10th 身高(cm)	10th 体重(kg)	25th 身高(cm)	25th 体重(kg)	50th 身高(cm)	50th 体重(kg)	75th 身高(cm)	75th 体重(kg)	90th 身高(cm)	90th 体重(kg)	97th 身高(cm)	97th 体重(kg)
出生	47.1	2.62	48.1	2.83	49.2	3.06	50.4	3.32	51.6	3.59	52.7	3.85	53.8	4.12
2月	54.6	4.53	55.9	4.88	57.2	5.25	58.7	5.68	60.3	6.15	61.7	6.59	63.0	7.05
4月	60.3	5.99	61.7	6.43	63.0	6.90	64.6	7.45	66.2	8.04	67.6	8.61	69.0	9.20
6月	64.0	6.80	65.4	7.28	66.8	7.80	68.4	8.41	70.0	9.07	71.5	9.70	73.0	10.37
9月	67.9	7.56	69.4	8.09	70.9	8.66	72.6	9.33	74.4	10.06	75.9	10.75	77.5	11.49
12月	71.5	8.16	73.1	8.72	74.7	9.33	76.5	10.05	78.4	10.83	80.1	11.58	81.8	12.37
15月	74.4	8.68	76.1	9.27	77.8	9.91	79.8	10.68	81.8	11.51	83.6	12.30	85.4	13.15
18月	76.9	9.19	78.7	9.81	80.6	10.48	82.7	11.29	84.8	12.16	86.7	13.01	88.7	13.90
21月	79.5	9.71	81.4	10.37	83.4	11.08	85.6	11.93	87.9	12.86	90.0	13.75	92.0	14.70
2岁	82.1	10.22	84.1	10.90	86.2	11.65	88.5	12.54	90.9	13.51	93.1	14.46	95.3	15.46
2.5岁	86.4	11.11	88.6	11.85	90.8	12.66	93.3	13.64	95.9	14.69	98.2	15.73	100.5	16.83
3岁	89.7	11.94	91.9	12.74	94.2	13.61	96.8	14.65	99.4	15.80	101.8	16.92	104.1	18.12
3.5岁	93.4	12.73	95.7	13.58	98.0	14.51	100.6	15.63	103.2	16.86	105.7	18.08	108.1	19.38
4岁	96.7	13.52	99.1	14.43	101.4	15.43	104.1	16.64	106.9	17.98	109.3	19.29	111.8	20.71
4.5岁	100.0	14.37	102.4	15.35	104.9	16.43	107.7	17.75	110.5	19.22	113.0	20.67	115.7	22.24
5岁	103.3	15.26	105.8	16.33	108.4	17.52	111.3	18.98	114.2	20.61	116.9	22.23	119.6	24.00
5.5岁	106.4	16.09	109.0	17.26	111.7	18.56	114.7	20.18	117.7	21.98	120.5	23.81	123.3	25.81
6岁	109.1	16.80	111.8	18.06	114.6	19.49	117.7	21.26	120.9	23.26	123.7	25.29	126.6	27.55
6.5岁	111.7	17.53	114.5	18.92	117.4	20.49	120.7	22.45	123.9	24.70	126.9	27.00	129.9	29.57
7岁	114.6	18.48	117.6	20.04	120.7	21.81	124.0	24.06	127.4	26.66	130.5	29.35	133.7	32.41
7.5岁	117.4	19.43	120.5	21.17	123.6	23.16	127.1	25.72	130.7	28.70	133.9	31.84	137.2	35.45
8岁	119.9	20.32	123.1	22.24	126.3	24.46	130.0	27.33	133.7	30.71	137.1	34.31	140.4	38.49
8.5岁	122.3	21.18	125.6	23.28	129.0	25.73	132.7	28.91	136.6	32.69	140.1	36.74	143.6	41.49
9岁	124.6	22.04	128.0	24.31	131.4	26.98	135.4	30.46	139.3	34.61	142.9	39.08	146.5	44.35
9.5岁	126.7	22.95	130.3	25.42	133.9	28.31	137.9	32.09	142.0	36.61	145.7	41.49	149.4	47.24
10岁	128.7	23.89	132.3	26.55	136.0	29.66	140.2	33.74	144.4	38.61	148.2	43.85	152.0	50.01
10.5岁	130.7	24.96	134.5	27.83	138.3	31.20	142.6	35.58	147.0	40.81	150.9	46.40	154.9	52.93
11岁	132.9	26.21	136.8	29.33	140.8	32.97	145.3	37.69	149.9	43.27	154.0	49.20	158.1	56.07
11.5岁	135.3	27.59	139.5	30.97	143.7	34.91	148.4	39.98	153.1	45.94	157.4	52.21	161.7	59.40
12岁	138.1	29.09	142.5	32.77	147.0	37.03	151.9	42.49	157.0	48.86	161.5	55.50	166.0	63.04
12.5岁	141.1	30.74	145.7	34.71	150.4	39.29	155.6	45.13	160.8	51.89	165.5	58.90	170.2	66.81
13岁	145.0	32.82	149.6	37.04	154.3	41.90	159.5	48.08	164.8	55.21	169.5	62.57	174.2	70.83
13.5岁	148.8	35.03	153.3	39.42	157.9	44.45	163.0	50.85	168.1	58.21	172.7	65.80	177.2	74.33
14岁	152.3	37.36	156.7	41.80	161.0	46.90	165.9	53.37	170.7	60.83	175.1	68.53	179.4	77.20
14.5岁	155.3	39.53	159.4	43.94	163.6	49.04	168.2	55.43	172.8	62.86	176.9	70.55	181.0	79.24
15岁	157.5	41.43	161.4	45.77	165.4	50.75	169.8	57.08	174.2	64.40	178.2	72.00	182.0	80.60
15.5岁	159.1	43.05	162.9	47.31	166.7	52.19	171.0	58.39	175.2	65.57	179.1	73.03	182.8	81.49
16岁	159.9	44.28	163.6	48.47	167.4	53.26	171.6	59.35	175.8	66.40	179.5	73.73	183.2	82.05
16.5岁	160.5	45.30	164.2	49.42	167.9	54.13	172.1	60.12	176.2	67.05	179.9	74.28	183.5	82.44
17岁	160.9	46.04	164.5	50.11	168.2	54.77	172.3	60.68	176.4	67.51	180.1	74.62	183.7	82.70
18岁	161.3	47.01	164.9	51.02	168.6	55.60	172.7	61.40	176.7	68.11	180.4	75.08	183.9	83.00

注：①根据2005年九省/市儿童体格发育调查数据研究制定　参考文献：中华儿科杂志，2009年7期
②3岁以前为身长

首都儿科研究所生长发育研究室　制作

图1-3　0~18岁儿童身高体重的百分位数标准值（男/女）[①]

[①] 李辉，季成叶，宗心南，张亚钦.中国0~18岁儿童、青少年身高、体重的标准化生长曲线[J].中华儿科杂志，2009(07):487-492.

儿童身高的个性化评价 | 第二节

0~18岁儿童青少年身高、体重百分位数值表（女）

年龄	3rd 身高(cm)	3rd 体重(kg)	10th 身高(cm)	10th 体重(kg)	25th 身高(cm)	25th 体重(kg)	50th 身高(cm)	50th 体重(kg)	75th 身高(cm)	75th 体重(kg)	90th 身高(cm)	90th 体重(kg)	97th 身高(cm)	97th 体重(kg)
出生	46.6	2.57	47.5	2.76	48.6	2.96	49.7	3.21	50.9	3.49	51.9	3.75	53.0	4.04
2月	53.4	4.21	54.7	4.50	56.0	4.82	57.4	5.21	58.9	5.64	60.2	6.06	61.6	6.51
4月	59.1	5.55	60.3	5.93	61.7	6.34	63.1	6.83	64.6	7.37	66.0	7.90	67.4	8.47
6月	62.5	6.34	63.9	6.76	65.2	7.21	66.8	7.77	68.4	8.37	69.8	8.96	71.2	9.59
9月	66.4	7.11	67.8	7.58	69.3	8.08	71.0	8.69	72.8	9.36	74.3	10.01	75.9	10.71
12月	70.0	7.70	71.6	8.20	73.2	8.74	75.0	9.40	76.8	10.12	78.5	10.82	80.2	11.57
15月	73.2	8.22	74.9	8.75	76.6	9.33	78.5	10.02	80.4	10.79	82.2	11.53	84.0	12.33
18月	76.0	8.73	77.7	9.29	79.5	9.91	81.5	10.65	83.6	11.46	85.5	12.25	87.4	13.11
21月	78.5	9.26	80.4	9.86	82.3	10.51	84.4	11.30	86.6	12.17	88.6	13.01	90.7	13.93
2岁	80.9	9.76	82.9	10.39	84.9	11.08	87.2	11.92	89.6	12.84	91.7	13.74	93.9	14.71
2.5岁	85.2	10.65	87.4	11.35	89.6	12.12	92.1	13.05	94.6	14.07	97.0	15.08	99.3	16.16
3岁	88.6	11.50	90.8	12.27	93.1	13.11	95.6	14.13	98.2	15.25	100.5	16.36	102.9	17.55
3.5岁	92.4	12.32	94.6	13.14	96.8	14.05	99.4	15.16	102.0	16.38	104.4	17.59	106.8	18.89
4岁	95.8	13.10	98.1	13.99	100.4	14.97	103.1	16.17	105.7	17.50	108.2	18.81	110.6	20.24
4.5岁	99.2	13.89	101.5	14.85	104.0	15.92	106.7	17.22	109.5	18.66	112.1	20.10	114.7	21.67
5岁	102.3	14.64	104.8	15.68	107.3	16.84	110.2	18.26	113.1	19.83	115.7	21.41	118.4	23.14
5.5岁	105.4	15.39	108.0	16.52	110.6	17.78	113.5	19.33	116.5	21.06	119.3	22.81	122.0	24.72
6岁	108.1	16.10	110.6	17.32	113.5	18.68	116.6	20.37	119.6	22.27	122.5	24.19	125.4	26.30
6.5岁	110.6	16.80	113.4	18.12	116.2	19.60	119.4	21.44	122.7	23.51	125.6	25.62	128.6	27.96
7岁	113.3	17.58	116.2	19.01	119.2	20.62	122.5	22.64	125.9	24.94	129.0	27.28	132.1	29.89
7.5岁	116.0	18.39	119.0	19.95	122.1	21.71	125.6	23.93	129.1	26.48	132.3	29.08	135.5	32.01
8岁	118.5	19.20	121.6	20.89	124.9	22.81	128.5	25.25	132.1	28.05	135.4	30.95	138.7	34.23
8.5岁	121.0	20.05	124.2	21.88	127.6	23.99	131.3	26.67	135.1	29.77	138.5	33.00	141.9	36.69
9岁	123.3	20.93	126.7	22.93	130.2	25.23	134.1	28.19	138.0	31.63	141.6	35.26	145.1	39.41
9.5岁	125.7	21.89	129.3	24.08	132.9	26.61	137.0	29.87	141.1	33.72	144.8	37.79	148.5	42.51
10岁	128.3	22.98	132.1	25.36	135.9	28.15	140.1	31.76	144.4	36.05	148.2	40.63	152.0	45.97
10.5岁	131.1	24.22	135.0	26.80	138.9	29.84	143.3	33.80	147.7	38.53	151.6	43.61	155.6	49.59
11岁	134.2	25.74	138.2	28.53	142.2	31.81	146.6	36.10	151.1	41.24	155.2	46.78	159.2	53.33
11.5岁	137.2	27.43	141.2	30.39	145.2	33.86	149.7	38.40	154.3	43.85	158.3	49.73	162.1	56.67
12岁	140.2	29.33	144.1	32.42	148.0	36.04	152.4	40.77	156.7	46.42	160.7	52.49	164.5	59.64
12.5岁	142.9	31.22	146.6	34.39	150.4	38.04	154.6	42.89	158.8	48.60	162.6	54.75	166.3	61.86
13岁	145.0	33.09	148.6	36.29	152.2	40.00	156.3	44.79	160.3	50.45	164.0	56.46	167.6	63.45
13.5岁	146.7	34.82	150.2	38.01	153.7	41.69	157.6	46.42	161.6	51.97	165.1	57.81	168.6	64.55
14岁	147.9	36.38	151.3	39.55	154.8	43.19	158.6	47.83	162.4	53.23	165.9	58.88	169.3	65.36
14.5岁	148.9	37.71	152.2	40.84	155.6	44.43	159.4	48.97	163.1	54.24	166.5	59.70	169.8	65.93
15岁	149.5	38.73	152.8	41.83	156.1	45.36	159.8	49.82	163.5	54.96	166.8	60.28	170.1	66.30
15.5岁	149.9	39.51	153.1	42.58	156.4	46.06	160.1	50.45	163.8	55.49	167.1	60.69	170.3	66.57
16岁	149.8	39.96	153.1	43.01	156.4	46.47	160.1	50.81	163.8	55.79	167.1	60.91	170.3	66.69
16.5岁	149.9	40.29	153.2	43.32	156.5	46.76	160.2	51.07	163.8	56.01	167.1	61.07	170.4	66.78
17岁	150.1	40.44	153.4	43.47	156.7	46.90	160.3	51.20	164.0	56.11	167.3	61.15	170.5	66.82
18岁	150.4	40.71	153.7	43.73	157.0	47.14	160.6	51.41	164.3	56.28	167.5	61.28	170.7	66.89

注：①根据2005年九省/市儿童体格发育调查数据研究制定 参考文献：中华儿科杂志，2009年7期
　　②3岁以前为身长

首都儿科研究所生长发育研究室 制作

图 1-3（续）0～18岁儿童身高体重的百分位数标准值（男/女）[①]

[①] 李辉，季成叶，宗心南，张亚钦.中国0～18岁儿童、青少年身高、体重的标准化生长曲线［J］.中华儿科杂志，2009(07):487-492.

第一章 | 儿童长高基础知识

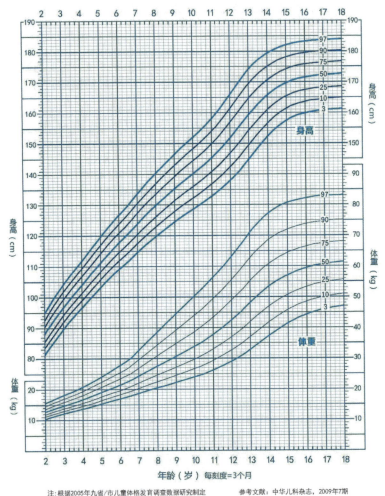

图1-4 中国2～18岁男/女童身高、体重百分位生长曲线[①]

---

① 李辉，季成叶，宗心南，张亚钦.中国0～18岁儿童、青少年体块指数的生长曲线[J].中华儿科杂志，2009(07):493-498.

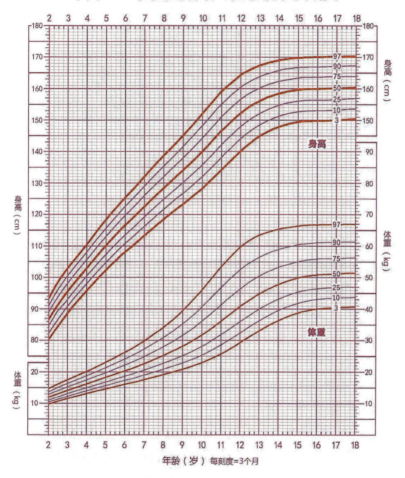

图1-4 （续）中国2～18岁男/女童身高、体重百分位生长曲线[①]

① 李辉，季成叶，宗心南，张亚钦.中国0～18岁儿童、青少年体块指数的生长曲线[J].中华儿科杂志，2009(07):493-498.

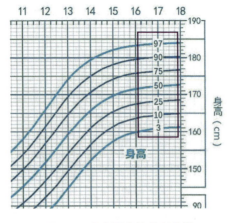

图 1-5 身高百分位参考曲线

若儿童的身高百分位数为90，则意味着该儿童的身高超过了90%的同龄、同性别儿童；若儿童的身高百分位数为20，则意味着该儿童的身高低于80%的同龄、同性别儿童。

以一个身高115 cm的5岁男孩小明为例，在横坐标上找到小明的年龄5岁，在纵坐标上找到该年龄测量的身高值115 cm，二者连线得到的交点（图1-6，紫色箭头指示处），落在75～90百分位曲线之间（图1-6，黄色和红色曲线之间）。所以小明的身高百分位数在75～90。

同理，也可以直接对照"0～18岁儿童身高体重的百分位数标准值（男/女）"（图1-3）图表进行判读。找到5岁男孩所在行，75百分位的身高是114.2 cm、90百分位的身高是119.6 cm，115 cm的身高处于75～90百分位（图1-7）。

一般来说，身高处于3～97百分位的都算正常，低于3百分位或高于97百分位提示儿童可能存在疾病风险，要尽早到医院就诊。

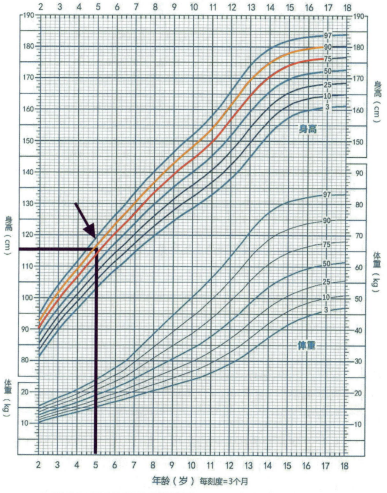

图1-6 从百分位曲线图估算儿童身高百分位

第一章 | 儿童长高基础知识

0~18岁儿童青少年身高、体重百分位数值表（男）

年龄	3rd 身高(cm)	体重(kg)	10th 身高(cm)	体重(kg)	25th 身高(cm)	体重(kg)	50th 身高(cm)	体重(kg)	75th 身高(cm)	体重(kg)	90th 身高(cm)	体重(kg)	97th 身高(cm)	体重(kg)
出生	47.1	2.62	48.1	2.83	49.2	3.06	50.4	3.32	51.6	3.59	52.7	3.85	53.8	4.12
2月	54.6	4.53	55.9	4.88	57.2	5.25	58.7	5.68	60.3	6.15	61.7	6.59	63.0	7.05
4月	60.3	5.99	61.7	6.43	63.0	6.90	64.6	7.45	66.2	8.04	67.6	8.61	69.0	9.20
6月	64.0	6.80	65.4	7.28	66.8	7.80	68.4	8.41	70.0	9.07	71.5	9.70	73.0	10.37
9月	67.9	7.56	69.4	8.09	70.9	8.66	72.6	9.33	74.4	10.06	75.9	10.75	77.5	11.49
12月	71.5	8.16	73.1	8.72	74.7	9.33	76.5	10.05	78.4	10.83	80.1	11.58	81.8	12.37
15月	74.4	8.68	76.1	9.27	77.8	9.91	79.8	10.68	81.8	11.51	83.6	12.30	85.4	13.15
18月	76.9	9.19	78.7	9.81	80.6	10.48	82.7	11.29	84.8	12.16	86.7	13.01	88.7	13.90
21月	79.5	9.71	81.4	10.37	83.4	11.08	85.6	11.93	87.9	12.86	90.0	13.75	92.0	14.70
2岁	82.1	10.22	84.1	10.90	86.2	11.65	88.5	12.54	90.9	13.51	93.1	14.46	95.3	15.46
2.5岁	86.4	11.11	88.6	11.85	90.8	12.66	93.3	13.64	95.9	14.70	98.2	15.73	100.5	16.83
3岁	89.7	11.94	91.9	12.74	94.2	13.61	96.8	14.65	99.4	15.80	101.8	16.92	104.1	18.12
3.5岁	93.4	12.73	95.7	13.58	98.0	14.51	100.6	15.63	103.2	16.86	105.7	18.08	108.1	19.38
4岁	96.7	13.52	99.1	14.43	101.4	15.43	104.1	16.64	106.9	17.98	109.3	19.29	111.8	20.71
4.5岁	100.0	14.37	102.4	15.35	104.9	16.43	107.7	17.75	110.5	19.22	113.1	20.67	115.7	22.24
5岁	103.3	15.26	105.8	16.33	108.4	17.52	111.3	18.98	114.2	20.61	116.9	22.23	119.6	24.00
5.5岁	106.4	16.09	109.0	17.26	111.7	18.56	114.7	20.18	117.7	22.00	120.5	23.81	123.3	25.81
6岁	109.1	16.80	111.8	18.06	114.6	19.49	117.7	21.26	120.9	23.26	123.7	25.29	126.6	27.55
6.5岁	111.7	17.53	114.5	18.92	117.4	20.49	120.7	22.45	123.9	24.70	126.9	27.00	129.9	29.57

图1-7 从百分位数值表估算儿童身高百分位

二、生长速度评价

生长速度是指通过定期连续测量所获得的在一定时间内的增长值，是决定生长发育水平的关键。判断儿童或青少年身高生长速度是否"偏离"，最简单的方法是采用"中国2～18岁男/女童身高、体重百分位生长曲线"（图1-4）进行评价。

若儿童定期测量值各点形成的生长曲线是稳定在同一条百分位线附近（图1-8）或在两条百分位线之间（图1-9），呈现逐渐增长趋势且大致平行于参考曲线，那么这样的生长发育便是基本正常的。

如果生长曲线突然偏离原本位置，出现"向下"跨越两条百分位线的情况（图1-10），则须格外警惕，可能提示儿童出现了生长缓慢。

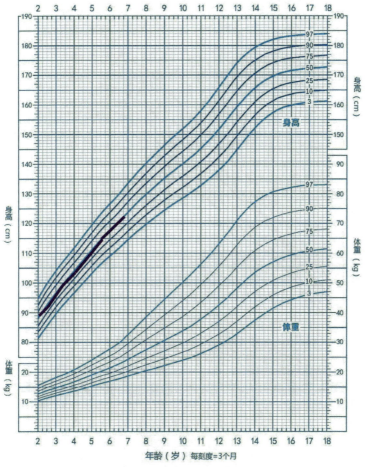

图 1-8　正常的生长曲线图例[1]

（从 2 岁到 6 岁 9 个月，生长曲线在 50 百分位线附近逐渐增长）

---

[1] 李辉，季成叶，宗心南，张亚钦.中国 0～18 岁儿童、青少年体块指数的生长曲线［J］.中华儿科杂志，2009(07):493-498.

第一章 | 儿童长高基础知识

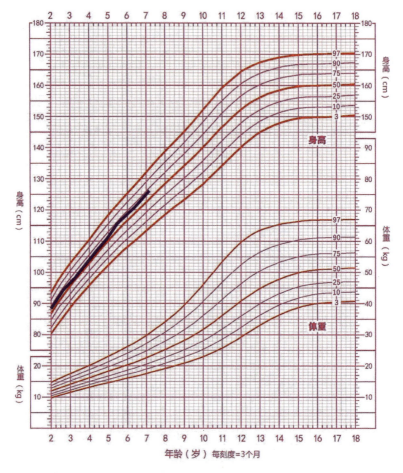

图 1-9　正常的生长曲线图例[①]

（从2岁到7岁3个月，生长曲线在50～75百分位线之间逐渐增长）

---

① 李辉，季成叶，宗心南，张亚钦.中国0～18岁儿童、青少年体块指数的生长曲线[J].中华儿科杂志，2009(07):493-498.

儿童身高的个性化评价 | 第二节

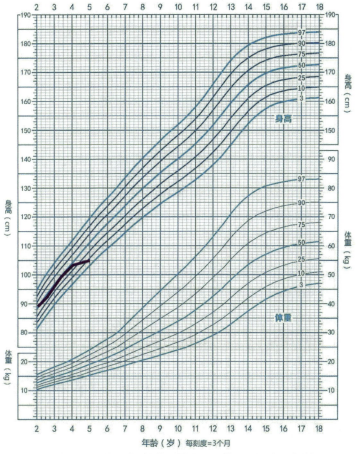

中国2~18岁男童身高、体重百分位曲线图

注：根据2005年九省/市儿童体格发育调查数据研究制定　　参考文献：中华儿科杂志，2009年7期
首都儿科研究所生长发育研究室 制作

图 1-10　异常的生长曲线图例[①]

（4岁到5岁，生长曲线从25百分位以上下降到10百分位以下，跨越了25和10两条百分位线）

---

① 李辉，季成叶，宗心南，张亚钦.中国0～18岁儿童、青少年体块指数的生长曲线［J］.中华儿科杂志，2009(07):493-498.

跟踪监测儿童身高获得其生长曲线图，可帮助家长尽早发现儿童生长异常问题，关键是"定期"和"连续"测量。如果家长没有定期监测，也可以简单计算孩子的年生长速度，如果2岁以下儿童的年生长速度<7.0 cm，2～4岁儿童年生长速度<5.5 cm，4～6岁儿童年生长速度<5.0 cm，6岁至青春期前儿童年生长速度<4.0 cm，青春期儿童年生长速度<6.0 cm，就要考虑是生长缓慢了。

第三节　科学的身高管理

科学的身高管理是在专业医生或身高管理师的帮助下，通过定期监测评估，制订长高方案，纠正不良生活习惯，充分利用影响身高的营养、睡眠、运动、情绪等因素，营造有利于儿童身高增长的生活环境，从而突破遗传限制，获得理想身高。

一、均衡膳食

全面、均衡的营养，对身高增长有至关重要的作用。其中，蛋白质、钙、锌、维生素A、维生素D是身高生长的主要营养支持（图1-11）。

蛋白质是构成机体组织和器官的重要成分。身体的生长发育可视为蛋白质不断积累的过程，充足且优质的蛋白质摄入对生长发育期的儿童非常重要。

钙是构成骨骼的重要成分，还可维持神经和肌肉的活动、参与激素的分泌、调节细胞的正常生理功能。只有不断地增加钙储备，才能给骨骼生长提供保障。

图1-11 长高的主要营养支持

锌是人体所必需的微量元素,参与体内多种代谢,还可以促进骨骼的形成和钙化,促进胶原组织的形成,促进生长激素的合成和分泌。

维生素A能促进蛋白质的生物合成,促进骨细胞分化和平衡,提高长骨的生长速度。

维生素D能维持血钙平衡,促进钙、磷吸收和骨骼钙化,帮助骨骼健康生长,是生长发育所必需的营养素。

《中国居民膳食指南(2022)》推荐:每天应至少吃够12种以上的食物,每周25种以上。[①] 每天的膳食搭配可参考下面的公式:

---

① 中国营养学会.中国居民膳食指南(2022)[M].北京:人民卫生出版社,2022.

第一章 | 儿童长高基础知识

图 1-12　每天膳食搭配公式

3种谷薯杂豆+4种蔬菜菌藻+3种肉蛋水产+1种水果+1种牛奶或奶制品+1种大豆坚果=13种（图1-12）

需要注意，红肉、鸡蛋和牛奶是每天必须要补充的（非过敏体质），它们不仅富含优质蛋白，还包含了生长所需的其他物质。

虽然尚未发现能促进长高的特效食物，但有些对长高不利的食物应尽量避开，比如含激素食品、经过反复油炸的食品，容易造成性早熟，从而抑制身高。此外，在不了解孩子身体缺乏哪些营养物质的情况下，切勿盲目给儿童服用保健品。

二、科学运动

运动，被认为是一种比饮食或睡眠更能有效促进生长激素分泌的因素。运动之所以能促使身高生长，一是能促进生长激素的分泌;二是加强了骨细胞的血液供应,有利于提高骺软骨的增殖能力;三是对骺软骨的增殖有良好的刺激作用。有研究表明,短时间中等强度以上的运动可引起血清生长激素水平升高。同时,运动还会锻炼肌肉、骨骼,使身体更加健壮。

三、充足且规律的睡眠

对处于生长发育阶段的儿童来说,保证充足的睡眠尤为重要。美国睡眠基金会推荐:3-5岁儿童每天要保证10～13小时的睡眠时间(包括午睡时间),6～13岁儿童每天要保证9～11小时的睡眠时间(包括午睡时间)(图1-13)。

图 1-13 推荐睡眠时长

通过睡眠可以使儿童恢复精力、促进营养物质的吸收,而且在深度睡眠下,人体会分泌大量生长激素,帮助长高。

生长激素的分泌呈脉冲式,分泌的高峰在夜间深睡眠时期。

第一章 | 儿童长高基础知识

一般在孩子入睡后90～120分钟内，生长激素分泌达到最高峰（图1-14）。因此，保障充足且高质量的夜间睡眠对儿童生长发育至关重要。

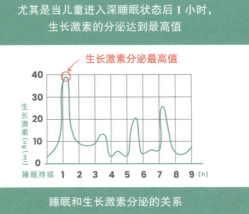

图1-14　睡眠与生长激素分泌的关系

四、愉悦的情绪

身高的增长，很大程度上还受到情绪的影响。如果儿童情绪长期低迷，不仅会干扰深睡眠，而且会影响生长激素的分泌和营养物质的吸收，进而对生长不利（图1-15）。医学上有一种疾病叫"心理性矮小症"，是由于儿童父母离异、遭遇突发事件等原因，受到精神心理创伤，导致生长激素分泌暂时不足，出现生长迟缓、骨龄发育落后、第二性征发育延迟，伴有行为、情绪以及睡眠等问题。所以，愉悦的心情对孩子的增高也是不可或缺的。

图 1-15　不良情绪的负面影响

五、防治慢性疾病

如果儿童不幸患有一些慢性疾病，如慢性肝炎、慢性肾炎、贫血、哮喘等，其生长发育会受到一定限制，尤其是骨骼的一些疾病，如软骨发育不良等。所以，对儿童慢性疾病要积极治疗和有效预防。

第四节　正确运动有利于儿童长高并受益终身

运动是促进生长发育的核心要素，个体早期的身体活动水平与儿童免疫、骨骼和心肺健康、认知发展、动作发展、心理健康等各方面密切相关（图1-16），并会对儿童的一生产生良好影响。

图 1-16 规律运动可收获长期健康效益

一、儿童运动类型推荐

生命在于运动,所谓"运动"不仅仅指的是竞技体育领域中各种专业的运动项目,比如足球运动、体操运动等;日常生活中各种积极的身体活动也是运动,比如擦桌子、扫地、晚上出去散步等。儿童的运动类型主要包括日常活动、玩耍游戏以及体育运动,家长和教师应鼓励儿童积极参加多种多样的身体活动和游戏。

1. 日常活动

(1)日常生活技能:拿筷子、系鞋带、穿衣服等。

(2)家务劳动:擦桌子、扫地、整理玩具和自己的物品。

(3)积极的交通方式:上下楼梯、步行、骑车等。

2. 玩耍游戏

（1）以发展基本动作技能为目标的游戏：

① 移动类游戏：障碍跑、跳房子、跳绳、爬绳（杆）、骑车、骑滑板车等。

② 姿势控制类游戏：金鸡独立、过独木桥、前滚翻、侧手翻等。

③ 物体控制类游戏：推小车、滚轮胎、投沙包、放风筝、踢毽子等。

④ 肢体精细控制类游戏：串珠子、捏橡皮泥、折纸、搭积木等。

（2）以发展重要身体素质为目的的游戏：

① 灵敏：老鹰抓小鸡、抓人游戏、丢手绢等。

② 平衡：过独木桥、金鸡独立、荡秋千、蹦床等。

③ 协调：攀爬（爬行、爬杆、爬绳）、攀岩、小动物爬（熊爬、猩猩爬、鳄鱼爬）等。

3. 体育运动

推荐的体育运动包括游泳、体操、足球、篮球、跆拳道、武术、乒乓球、棒球、滑冰、滑雪等。

二、儿童运动能力的综合表现

儿童的运动能力不仅体现在走、跑、跳、投、钻、爬、攀登等基本动作技能上，身体外部形态、基本身体素质、持续参与运动的心肺耐力、游戏活动中的技能熟练度和集体合作活动中的心理能力等因素都是运动能力的综合表现。本书将儿童运动能力综合表现整理为肌力、爆发力、耐力、协调、平衡、敏捷、速度、节奏、柔韧、技巧10个方面（图1-17）。

　　早期的科学干预指导，能帮儿童养成良好的锻炼习惯、习得综合运动能力，这种习惯和运动基础很容易延续到成人时期并保

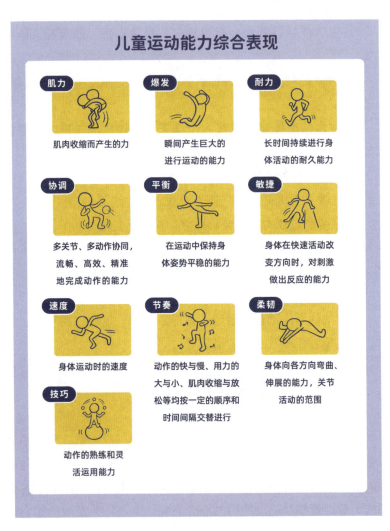

图1-17　儿童运动综合能力表现

持终身，使儿童受益一生。

> 三、合理运动能刺激身高生长

运动，被认为是一种比饮食或睡眠更能有效地促进生长激素分泌的因素。有研究显示，同样条件下，常运动比不运动的儿童平均要高4 cm。

人体身高的生长就是骨骼延长的过程，特别是人体下肢长骨生长，对身高增长尤其重要。一些纵向的体育运动，比如跳绳、篮球、摸高跳、跳高等，都需要频繁地做腾空跳跃动作。因为是尽力向高处跳，所以落地时下肢骨骼受到的冲击力很大，如全力做摸高跳动作下落时，下肢所承受的地面反作用力约是自身体重的4.76倍（图1-18）。骨骼为适应外力的冲击会不断汰劣更新，通过改善骨骼钙磷代谢、加速骨细胞增殖，形成骨重塑机制，增

图1-18　摸高跳运动

进骨骼生长发育。

此外，在运动过程中，还会促进能量消耗、增加血糖利用、降低胰岛素水平，进而促进胰岛素样生长因子的分泌。同时，适度的运动能增进食欲，带来健康的睡眠，对长高非常有帮助。

四、正确运动能改善不良体态

儿童骨骼、关节、肌肉都尚未发展成熟，其骨骼承受压力和肌肉拉力的功能比成人差，但可塑性强。如果长期姿势不良或运动不当就可能会造成骨骼的变形，这是导致目前幼儿"高低肩""驼背""脊柱侧弯"等身体姿态问题（图1-19）增加的主要原因。

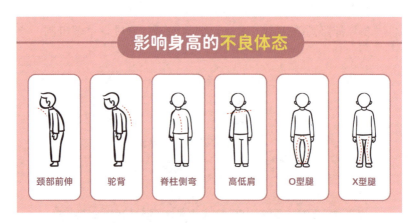

图1-19　影响身高的不良体态

通过合理且适度的肌肉运动和姿势矫正训练，不仅有助于维持挺拔身姿、改善不良体态，同时也有助于预防神经性腰腿痛等成年疾病的发生。

五、儿童青少年长高运动注意事项

1. 儿童长高运动分类

简单来说，能够增进食欲、促进睡眠、给予骨骼一定程度纵向压力的运动，都对长高有益。按照运动对长高的效果强弱来看，跳跃类运动能直接给予下肢骨骼纵向压力，是最有效的长高运动；其次是能促进全身血液循环、肌肉和骨骼生长的运动，包括部分有氧运动，肌肉力量运动和拉伸运动。

而不良的身体姿态，比如：脊柱侧弯、X型腿、O型腿等，也会直接影响身高。所以，必要时可开展针对不良体态的改善练习，减少影响身高生长的负面因素。

具体分类介绍如下：

（1）跳跃类运动——刺激下肢长骨生长，是最有效的长高运动

儿童身高的增长，主要依赖于下肢长骨的生长。跳跃运动在落地时，身体会受到地面的反作用力，可直接刺激下肢骨骼、加速骨细胞增殖、促进生长激素的分泌以及改善骨骼钙磷代谢，增进骨骼生长发育，是加速身高增长的最有效方法。

（2）有氧运动——增强心肺功能，促进血液循环和生长激素分泌

有氧运动可以增强心肺功能、加速新陈代谢、促进血液循环和生长激素分泌。简单的家务劳动（如擦桌子、整理玩具）、积极的交通方式（行走、慢跑、骑车、上下楼梯）和游泳、溜冰、球类运动、有氧操等都属于有氧运动。

（3）肌肉力量运动——增强肌肉力量，提高肌肉和韧带对骨骼的张力负荷

肌肉力量运动能够改善肌肉弹性和韧带柔韧度，增加骨骼的

张力负荷，提高基础代谢，预防损伤，有助于骨骼生长发育。

（4）拉伸运动——缓解肌肉紧张，增加骨间组织厚度

拉伸一段时间后，骨间组织恢复至最佳厚度，使骨骼间有充分的空位，便于骺软骨生长。同时，拉伸还能有效牵拉肌肉、刺激肌腱，帮助运动前肌肉激活和运动后肌肉弹性恢复，可帮助预防和减少运动伤害。

（5）体态管理——预防和改善不良身体姿态

体态管理是通过对特定肌肉的拉伸和强化，以达到预防和改善不良身体姿态的目的。常见的影响身高的不良姿态有颈部前倾、驼背、高低肩、脊柱侧弯、X型腿和O型腿（图1-19）。

2.儿童长高运动强度

运动会促进生长激素的分泌，但运动量过大反而会抑制生长激素的分泌。能"长个儿"的运动方式应该是中等强度以上的运动（表1-1），"心脏怦怦跳，呼吸也加快"的运动才有效果。

表1-1 运动强度与儿童表现

观察项目	儿童表现		
	运动量不足	运动量适中	运动量过度
精神状态	□觉醒度低	□饱满充沛	□疲劳萎靡
情绪	□情绪低于平常	□愉悦舒畅	□烦躁哭闹
面色	□面无改色	□轻松红润	□乏力泛白
出汗	□无发汗感	□微微出汗	□大汗淋漓
呼吸	□毫无变化	□中速稍快	□呼吸急促

注：对于原本就不活跃或体质较弱的幼儿，要注意循序渐进。经常性过度运动，会引发幼儿抵触心理。

正确运动有利于儿童长高并受益终身 | 第四节

> 如何简便地判断儿童的运动强度？
> **中等强度：**心跳和呼吸加快，微微出汗，可以连续说话但不能唱歌。
> **高强度：**气喘吁吁，大汗淋漓，说话断断续续。

3. 儿童长高运动时间

学龄前儿童每天从早到晚应至少进行身体活动3小时。其中，户外活动不少于2小时，中等强度以上的运动不少于1小时（图1-20）。

有长高需求的最好每天保证至少20分钟的长高训练：跳跃运动、有氧运动、肌肉力量运动、不良体态纠正、柔韧拉伸运动等。

每天累积身体活动
不少于180分钟
（包括120分钟以上的户外活动）

每天静坐视屏
小于60分钟

每天中等强度以上活动
不少于60分钟

图1-20 儿童长高运动的时间

下午4点到7点时间段，身体的适应能力和神经的敏感性比其他时间段更好，可以选择此时间段运动。没有整块时间的，要利用饭前、课间等碎片时间进行锻炼。

睡前和饭后均不宜再进行剧烈运动，可以适当做些拉伸运动，如腿部与脊柱的拉伸等。饭后 1 小时后，再进行中等强度的运动，如慢跑和快走等（图 1-21）。

—— 饭后多久可以运动？ ——

饭后半小时 不要剧烈运动，可以做一些轻量运动，比如拉伸运动、擦桌子等。

饭后 1 小时 中等强度的运动，比如慢跑、快走等。

饭后 2 小时 可以放心进行体育锻炼，选择高强度的运动也没关系。

★ 饭前稍饥饿时运动，有利于生长激素的分泌。

图 1-21　饭后多久可以运动

根据不同运动对长高的不同效果,本章将长高运动分为5个类别。其中,第一节的"跳跃运动"是最有效的长高运动,第二节的"有氧运动"、第三节的"肌肉力量运动"、第四节的"拉伸运动"次之,最后是第五节的"体态管理"。针对这5大类别,本书共整理了75项长高运动范例。每一个运动范例均注明了长高星级(与长高的相关性)、适合年龄、运动功效、技能发展、动作要领、运动量和提示(注意事项),可以帮助广大儿童保健专业人员、教师、家长及社会相关从业人员制订运动方案,指导儿童科学、合理地开展各项运动。

第一节 跳跃运动

跳跃运动是应力刺激骨骼、加速骨细胞增殖、促进生长激素分泌以及改善骨骼钙磷代谢、增进骨骼生长发育(有利于腿部长骨生长)的运动,是加速身高增长非常有效的方法。

一个标准的跳跃动作分解(图2-1):
起跳:两臂协调摆动,双脚脚尖同时快速蹬地跳起。
腾空:背部挺直,充分伸展。
落地:落地时屈膝缓冲,保持躯干稳定;膝盖朝向前方,不超过脚尖。

图 2-1 跳跃动作分解图[①]

---

① 为不影响阅读效果及版面美观,本章"运动方案"中的插图不标注图序、图题。

第二章 | 儿童长高运动

1 纵跳摸高击掌

长高星级: ★★★★★

适合年龄: 3岁及以上。

运动功效: 增强心肺功能及腿部力量,促进新陈代谢和生长激素分泌,有利于腿部长骨生长。

技能发展: <u>肌力</u> <u>爆发</u> 耐力 协调 平衡 敏捷 速度 节奏 柔韧 技巧

动作要领: 家长面向儿童举起手,手掌高度距离儿童举起双手的指尖位置以上10~20 cm;儿童双脚并拢,尽力向高处跳,和家长击掌并计数。也可以在同样的高度悬挂玩偶,让儿童跳起击打。

运动量: 运动时间5~8分钟(60~80次/分×5组)。①

提示: 垂直向上跳。

---

① 即儿童需以每分钟60~80次的频率进行纵跳,共运动5~8分钟,可分5组完成。

② 单双脚跳绳

长高星级：★★★★★

适合年龄：3岁及以上。

运动功效：增强心肺功能及腿部力量，促进新陈代谢和生长激素分泌，有利于腿部长骨生长。

技能发展：肌力　爆发　耐力　协调　平衡　敏捷　速度　节奏　柔韧　技巧

动作要领：双脚跳绳，熟练后可尝试单脚跳、后甩绳跳等。

运动量：运动时间5～8分钟（80～120次/分×5组）。

提示：跳跃时使用前脚掌着地；跳绳速度可以由慢到快，循序渐进。

③ 摇臂开合跳

长高星级：★★★★★

适合年龄：3岁及以上。

运动功效：增强心肺功能及腿部力量，促进新陈代谢和生长激素分泌，有利于腿部长骨生长。

技能发展：**肌力** **爆发** **耐力** **协调** **平衡** 敏捷 速度 **节奏** 柔韧 技巧

动作要领：双脚并拢，双臂侧平举打开，双脚开合跳的同时双手在身体两侧摇臂画圆圈。反复进行动作，让儿童找到自己的运动节奏。

运动量：运动时间5～8分钟（90～100次/分×4组）。

提示：双手画圈时手臂要伸直，不要打弯；身体挺直，不要驼背、不要低头。

4 宽距横跨跳

长高星级：★★★★★

适合年龄：3岁及以上。

运动功效：增强心肺功能及腿部力量，促进新陈代谢和生长激素分泌，有利于腿部长骨生长。

技能发展：肌力　爆发　耐力　协调　平衡　敏捷　速度　节奏　柔韧　技巧

动作要领：站在运动毯上，双脚宽距开立，踩在两个标记上（中间隔开1个标记），双脚保持宽距打开的状态，向左或向右进行横跨跳。要求身体协调，起跳点和落地点都在数字标记上。

运动量：运动时间4～6分钟（60次/分×4组）。

提示：跳跃时双脚呈宽距打开状态。

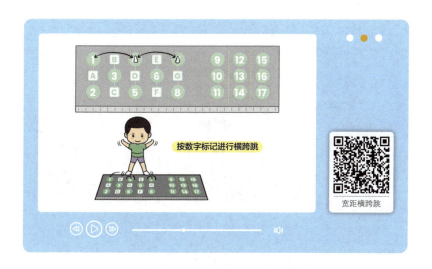

5 窄距横跨跳

长高星级：★★★★★

适合年龄： 3岁及以上。

运动功效： 增强心肺功能及腿部力量，促进新陈代谢和生长激素分泌，有利于腿部长骨生长。

技能发展： **肌力** **爆发** **耐力** 协调 平衡 敏捷 速度 **节奏** 柔韧 技巧

动作要领： 站在运动毯上，双脚窄距开立，踩在相邻两个标记上；双脚保持窄距打开的状态，向左或向右进行横跨跳；要求身体协调，起跳点和落地点都在标记点上。

运动量： 运动时间4～6分钟（60次/分×4组）。

提示： 跳跃时双脚呈窄距打开状态。

6 并腿字母跳

长高星级：★★★★★

适合年龄：3岁及以上。

运动功效：增强心肺功能及腿部力量,促进新陈代谢和生长激素分泌,有利于腿部长骨生长。

技能发展：肌力　爆发　耐力　协调　平衡　敏捷　速度　节奏　柔韧　技巧

动作要领：站在运动毯上,双脚并拢,根据毯子上字母的顺序进行跳跃。要求身体协调,起跳点和落地点都在字母标记上。

运动量：运动时间4～6分钟（50次/分×4组）。

提示：跳跃时双脚并拢。

7 并腿数字跳

长高星级：★★★★★

适合年龄：3岁及以上。

运动功效：增强心肺功能及腿部力量，促进新陈代谢和生长激素分泌，有利于腿部长骨生长。

技能发展：肌力 爆发 耐力 协调 平衡 敏捷 速度 节奏 柔韧 技巧

动作要领：站在运动毯上，双脚并拢，根据毯子上数字的顺序进行跳跃。要求身体协调，起跳点和落地点都在数字标记上。

运动量：运动时间4～8分钟（50次/分×4组）。

提示：跳跃时双脚并拢。

8 小兔跳

长高星级：★★★★★

适合年龄： 3岁及以上。

运动功效： 增强心肺功能及腿部力量，促进新陈代谢和生长激素分泌，有利于腿部长骨生长。

技能发展： 肌力　爆发　耐力　协调　平衡　敏捷　速度　节奏　柔韧　技巧

动作要领： 双脚打开比肩稍宽、双臂屈肘放在身前，上身前倾，稍稍下蹲，膝盖不超过脚尖，前脚掌发力进行跳跃。

运动量： 运动时间5～8分钟（60次/分×4组）。

提示： 速度可以由慢到快、循序渐进。

9 连续立定跳远

长高星级：★★★★★

适合年龄：3岁及以上。

运动功效：增强心肺功能及腿部力量，促进新陈代谢和生长激素分泌，有利于腿部长骨生长。

技能发展：肌力 爆发 耐力 协调 平衡 敏捷 速度 节奏 柔韧 技巧

动作要领：双脚并拢站在运动毯一侧的标尺上，尽力跳远。要求身体协调，每次跳跃下肢尽量发力。

运动量：运动时间2～4分钟（40次/分×3组）。

提示：跳跃时收腹抬腿，小腿往前伸，双臂向前摆动带动身体发力；落地时屈膝，同时双手后摆回到起跳位置。

10 开合式跳绳

长高星级：★★★★★

适合年龄： 5岁及以上。

运动功效： 增强心肺功能及腿部力量，促进新陈代谢和生长激素分泌，有利于腿部长骨生长。

技能发展： 肌力 爆发 耐力 协调 平衡 敏捷 速度 节奏 柔韧 技巧

动作要领： 双脚开合跳跃着进行绳跳。当绳前摇到地面瞬间，双脚起跳成开立；当绳再次前摇到地面瞬间，开立双脚成并立，依次连续跳。

运动量： 运动时间4～6分钟（80～100次/分×4组）。

提示： 跳跃时使用前脚掌着地，跳绳速度可以由慢到快，循序渐进。

开合跳跃

开合式跳绳

11 单腿数字跳

长高星级：★★★★★

适合年龄：5岁及以上。

运动功效：增强心肺功能及腿部力量，促进新陈代谢和生长激素分泌，有利于腿部长骨生长。

技能发展：肌力　爆发　耐力　协调　平衡　敏捷　速度　节奏　柔韧　技巧

动作要领：站在运动毯上，单脚支撑，稍降重心，一脚用力蹬地向前跳跃（前脚掌着地），另一腿向上方屈膝提起。根据毯子上的数字顺序进行单脚跳跃，跳到数字8上原地转身，按8到1的顺序跳回。

运动量：运动时间2～4分钟（60次/分×3组）。

提示：落地时腿部稍弯曲，注意保持身体平衡。

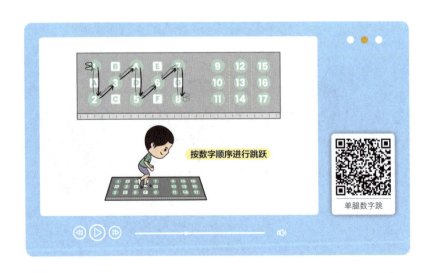

12 快速小兔跳

长高星级：★★★★★

适合年龄：5岁及以上。

运动功效：增强心肺功能及腿部力量，促进新陈代谢和生长激素分泌，有利于腿部长骨生长。

技能发展：肌力　爆发　耐力　协调　平衡　敏捷　速度　节奏　柔韧　技巧

动作要领：双脚打开比肩稍宽、双臂屈肘放在身前，上身前倾，稍稍下蹲，膝盖不超过脚尖，前脚掌发力连续、快速跳跃。

运动量：运动时间4～6分钟（80～100次/分×4组）。

提示：跳跃速度尽量要快。

13 行进间左右横跨跳

长高星级：★★★★★

适合年龄：5岁及以上。

运动功效：增强心肺功能及腿部力量，促进新陈代谢和生长激素分泌，有利于腿部长骨生长。

技能发展：肌力　爆发　耐力　协调　平衡　敏捷　速度　节奏　柔韧　技巧

动作要领：站在运动毯上，双脚并拢，在毯子一侧的标尺两边进行左右横跨行进间跳跃。要求身体协调，起跳点和落地点都在标尺左右。

运动量：运动时间4～6分钟（80次/分×4组）。

提示：跳跃时双脚并拢。

⑭ 行进间开合式跳绳

长高星级：★★★★★

适合年龄：6岁及以上。

运动功效：增强心肺功能及腿部力量，促进新陈代谢和生长激素分泌，有利于腿部长骨生长。

技能发展：肌力　爆发　耐力　协调　平衡　敏捷　速度　节奏　柔韧　技巧

动作要领：双脚开合式跳绳的同时连续向前跳。

运动量：运动时间4～6分钟（50次/分×4组）。

提示：跳跃时使用前脚掌着地，跳绳速度可以由慢到快、循序渐进。

15 多象限开合跳

长高星级：★★★★★

适合年龄：6岁及以上。

运动功效：增强心肺功能及腿部力量，促进新陈代谢和生长激素分泌，有利于腿部长骨生长。

技能发展：肌力 爆发 耐力 协调 平衡 敏捷 速度 节奏 柔韧 技巧

动作要领：站在运动毯上，双脚并拢，根据毯子上的数字标记进行"前—后""左—右"反复开合跳。要求身体协调，起跳点和落地点都在数字标记上。

运动量：运动时间4～6分钟（40次/分×4组）。

提示：落地时注意保持身体平衡。

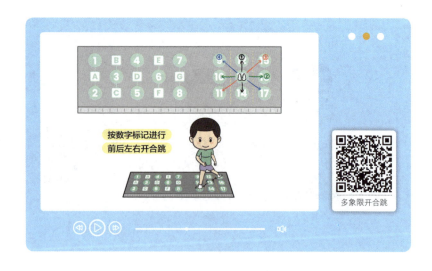

16 并腿N字跳

长高星级：★★★★★

适合年龄：6岁及以上。

运动功效：增强心肺功能及腿部力量，促进新陈代谢和生长激素分泌，有利于腿部长骨生长。

技能发展：肌力　爆发　耐力　协调　平衡　敏捷　速度　节奏　柔韧　技巧

动作要领：站在运动毯上，双脚并拢，根据垫子上的数字顺序进行跳跃，使跳跃的轨迹形成一个"N"字。要求身体协调，起跳点和落地点都在数字标记上。

运动量：运动时间2～4分钟（40次/分×4组）。

提示：跳跃时双脚并拢。

第二节 有氧运动

有氧训练可以增强心肺功能、强化腿部力量，促进新陈代谢和生长激素分泌。

1 花式触脚跳

长高星级：★★★★★
适合年龄：3岁及以上。
运动功效：提高下肢力量和有氧能力。
技能发展：肌力　爆发　耐力　协调　平衡　敏捷　速度　节奏　柔韧　技巧
动作要领：在身体前，左手摸右脚跟跳，右手摸左脚跟跳；之后在身体后，左手摸右脚跟跳，右手摸左脚跟跳。儿童可以自己

花式触脚跳

选择触脚顺序，反复循环进行。

运动量：运动时间4～6分钟（60次/分×4组）。

提示：跳跃时注意腿部缓冲落地，用前脚掌着地。

② 原地高抬腿

长高星级：★★★★★

适合年龄：3岁及以上。

运动功效：提高下肢力量和有氧能力。

技能发展：肌力　爆发　耐力　协调　平衡　敏捷　速度　节奏　柔韧　技巧

动作要领：双脚打开与肩同宽，双臂平举、双手打开，原地快速高抬腿，膝盖抬高时要碰到手臂。

运动量：运动时间4～6分钟（120次/分×3组）。

提示：高抬腿时注意腿部缓冲落地，用前脚掌着地。

原地高抬腿

3 交替弓箭步

长高星级：★★★★

适合年龄： 4岁及以上。

运动功效： 提高肌力、爆发力、节奏、身体认知、空间认知、肢体表现等方面的技能。

技能发展： <u>肌力</u>　<u>爆发</u>　耐力　<u>协调</u>　<u>平衡</u>　敏捷　速度　<u>节奏</u>　柔韧　技巧

动作要领： 自然分腿站立，一腿屈膝，一腿向后拉开步伐，呈弓箭步姿势；交替更换双脚前后位置，双手交替前摆。

运动量： 运动时间4～6分钟（70次/分×2组）。

提示： 尽可能前后拉开步伐，做连续弓箭步跳跃动作。

④ 单腿交替跳

长高星级：★★★★★

适合年龄：4岁及以上。

运动功效：提高肌力、耐力、节奏、平衡、速度、身体认知、空间认知、肢体表现等方面的技能。

技能发展：肌力　爆发　耐力　协调　平衡　敏捷　速度　节奏　柔韧　技巧

动作要领：自然分腿站立，向上纵跳后交替用单脚落地。

运动量：运动时间4～6分钟（70次/分×3组）。

提示：跳跃时注意腿部缓冲落地，保持身体协调稳定。

5 扶椅高抬腿

长高星级：★★★★

适合年龄：4岁及以上。

运动功效：提高肌力、爆发力、节奏、平衡、身体认知、空间认知、肢体表现等方面的技能。

技能发展：**肌力** **爆发** **耐力** **协调** **平衡** **敏捷** **速度** **节奏** 柔韧 技巧

动作要领：双手支撑在椅子上，手臂伸直，身体呈一条直线。双腿交替快速做提膝高抬腿。

运动量：运动时间4～6分钟（120次/分×2组）。

提示：高抬腿动作尽可能快速，同时需保持身体稳定。

6 踩点舞

长高星级：★★★★★

适合年龄：4岁及以上。

运动功效：提高肌力、节奏、平衡、身体认知、敏捷、速度、空间认知、肢体表现等方面的技能。

技能发展：肌力　爆发　耐力　协调　平衡　敏捷　速度　节奏　柔韧　技巧

动作要领：在儿童周围粘贴6个数字点位，儿童自然站立、双手叉腰，按数字顺序依次踩踏标注的点位。

运动量：运动时间4～6分钟（40次/分×3组）。

提示：动作连续且有节奏地跳跃。

踩点舞

第二章 | 儿童长高运动

第三节　肌肉力量运动

肌肉力量练习能够改善肌肉弹性和韧带柔韧度、增加骨骼张力负荷、提高基础代谢、预防损伤，并有助于骨骼生长发育。

1 静力半蹲

长高星级：★★★
适合年龄：3岁及以上。
运动功效：强化腿、臀、腹的大肌肉群，增强运动能力。
技能发展：肌力　爆发　耐力　协调　平衡　敏捷　速度　节奏　柔韧　技巧
动作要领：站立，双脚打开与肩同宽，双手在胸前交握；背部挺直，缓慢下蹲至膝关节弯曲90°，大腿和地面平行，然后缓慢

回到起始位置。

运动量：运动时间4～6分钟（50次/分×2组）。

提示：背部保持挺直状态，避免膝关节弯曲小于90°。

② 俯卧举小腿练习

长高星级：★★★

适合年龄：3岁及以上。

运动功效：增强膝关节肌肉力量。

技能发展：肌力 爆发 耐力 协调 平衡 敏捷 速度 节奏 柔韧 技巧

动作要领：俯趴在垫子上，双手上下叠放在头部下方，头部向侧方旋转。单腿屈膝，大腿小腿呈90°，向后上方抬腿，然后回到起始位置。左右腿交替进行。

运动量：运动时间4～6分钟（50次/分×2组）。

提示：训练时缓慢屈膝，下落时亦要缓慢进行。

③ 双臂爬行

长高星级：★★★

适合年龄：3岁及以上。

运动功效：提高上臂肌肉力量。

技能发展：肌力　爆发　耐力　协调　平衡　敏捷　速度　节奏　柔韧　技巧

动作要领：俯趴在垫子上，手肘撑地，利用双手和前臂的肌肉力量带动身体向前爬行，臀腿部始终贴紧地面、不发力。

运动量：运动时间4～6分钟（30次/分×3组）。

提示：爬行时，臀部和大腿不能离开地面。

双臂爬行

④ 站立划船

长高星级：★★★

适合年龄：3岁及以上。

运动功效：强化背、胸、肩及手臂的大肌肉群,增强运动能力,矫正驼背,使身姿挺拔。

技能发展：肌力 爆发 耐力 协调 平衡 敏捷 速度 节奏 柔韧 技巧

动作要领：站立,双脚踩住弹力带,弯腰,双手抓住弹力带两端。上身前倾,微屈膝,保持身体平衡,背部挺直,双手上拉弹力带至髋关节处。

运动量：运动时间4～6分钟（50次/分×2组）。

提示：不要弓背,不要低头,训练过程中目视前方;向骨盆方向拉弹力带,不要向胸前拉。

5 核心练习

长高星级：★★★★
适合年龄：3岁及以上
运动功效：训练腹部肌肉群，增强核心力量。
技能发展：<u>肌力</u>　<u>爆发</u>　<u>耐力</u>　<u>协调</u>　<u>平衡</u>　敏捷　速度　节奏　柔韧　技巧
动作要领：核心训练包括平板支撑、仰卧起坐和臀桥三组训练。① 平板支撑：屈肘，小臂与前脚掌撑地，耳、肩、髋、膝、踝呈一条直线；手肘朝脚的方向用力，脚尖用力向前勾起，与地面摩擦力对抗，小臂按紧地面。② 仰卧起坐：仰卧，膝盖弯曲约90°，双手交叉放在胸前，脚底并拢，双腿打开，腹肌发力起身，躯干和地面成25°，下放时下背部、上背部、肩部、头部依次着地。③ 臀桥：仰卧，膝盖弯曲约90°，脚跟踩地，发力将臀部抬起至大腿与身体呈一条直线，臀部抬起时上背部支撑地面，保持

核心练习

动作。双手可以交叉放在胸前,也可以放在身体两侧。

运动量:运动时间4~6分钟(各20秒×4组)。

提示:控制力量,缓慢进行。

⑥ 弹力带膝关节开合

长高星级:★★★

适合年龄:3岁及以上。

运动功效:强化大腿外侧肌肉群。

技能发展:肌力 爆发 耐力 协调 平衡 敏捷 速度 节奏 柔韧 技巧

动作要领:躺在垫子上,双腿屈膝、双脚踩地,双手贴紧地面。膝盖处绑一根弹力带,做膝关节开合训练。

运动量:运动时间2~4分钟(20次/组×4组)。

提示:控制力量,缓慢进行。

弹力带膝关节开合

7 坐姿负重伸腿

长高星级：★★★

适合年龄：3岁及以上。

运动功效：强化腿、臀、腹的大肌肉群,增强运动能力。

技能发展：肌力　爆发　耐力　协调　平衡　敏捷　速度　节奏　柔韧　技巧

动作要领：坐在椅子或床边,大腿贴椅/床面,小腿自然放松,悬于椅/床边,双手向后扶住扶手/床沿作为支撑。将左脚搭在右脚上,缓慢向上踢腿,伸直膝关节,直至与大腿同一条直线,保持5秒,再缓慢回到起始位置,左右腿交替进行。

运动量：运动时间2～4分钟(30次/组×3组)。

提示：避免臀部离开椅子/床面,避免膝关节过伸。

8 仰卧直抬腿

长高星级：★★★

适合年龄：3岁及以上。

运动功效：强化腹部肌肉群，增强核心力量。

技能发展：肌力 爆发 耐力 协调 平衡 敏捷 速度 节奏 柔韧 技巧

动作要领：躺在垫子上，双腿伸直，抬起离开地面，为动作开始做准备。腹部发力，双腿并拢向上抬起，控制抬起的速度，不宜太快。接近90°或到达极限后缓缓控制双腿向下放，回到起始位置，双腿不要触地。以上动作反复进行。

运动量：运动时间2～4分钟（20次/组×3组）。

提示：注意头颈、躯干保持不动，两腿并拢；在做动作过程中膝关节保持伸直状态，不可屈膝。

9 半蹲跳

长高星级：★★★★

适合年龄：3岁及以上。

运动功效：强化腹部肌肉群，增强核心力量。

技能发展：**肌力** **爆发** 耐力 协调 平衡 **敏捷** 速度 **节奏** 柔韧 技巧

动作要领：蹲在垫子上，双手打开与肩同宽向前撑地。双脚并拢，使用腹部核心力量带动身体向左侧和右侧横向跳跃，反复进行。

运动量：运动时间2～4分钟（20次/组×4组）。

提示：跳跃过程中双手不要移动。

肌肉力量运动 ｜ 第三节

⑩ 卷腹摸膝

长高星级：★★★

适合年龄：3岁及以上。

运动功效：强化腹部肌肉群，增强核心力量，增强运动能力。

技能发展：肌力　爆发　耐力　协调　平衡　敏捷　速度　节奏　柔韧　技巧

动作要领：躺在垫子上，双腿屈膝并拢，脚掌贴地，双手放到大腿上。腹部用力带动躯干抬起，同时双手向上触摸到膝盖，后缓慢放下身体，回起始位置。

运动量：运动时间2～4分钟（20次/组×3组）。

提示：头颈不要过度用力，力量集中在腹部，由腹部发力，控制好速度，避免猛然发力；双下肢固定，不要发生移动。

11 侧支撑

长高星级：★★★

适合年龄：3岁及以上。

运动功效：强化腹部肌肉群,增强核心力量,增强运动能力。

技能发展：<u>肌力</u>　爆发　<u>耐力</u>　<u>协调</u>　<u>平衡</u>　敏捷　速度　节奏　<u>柔韧</u>　技巧

动作要领：身体右侧俯卧,用一只手臂支撑身体,手腕位于肩部正下方。左臂自然弯曲,左手扶髋。双腿平行,双腿内侧紧紧挤压在一起,将腹部向内收紧。右手向下压,将臀部抬离地面,身体从脚跟到头部形成一条直线,保持10秒钟。之后臀部慢慢降低,恢复至初始位置。另侧同理,双侧动作为1组。

运动量：运动时间2～3分钟(20秒×4组)。

提示：训练过程中双腿保持伸直,臀部收紧。

12 俯卧登山

长高星级：★★★★

适合年龄：3岁及以上。

运动功效：增强腹肌和大腿前侧肌肉力量。

技能发展：肌力　爆发　耐力　协调　平衡　敏捷　速度　节奏　柔韧　技巧

动作要领：俯撑在垫子上，双手与肩同宽，手肘伸直，上身放平。腹部收缩发力交替提膝，带动腿部向前提，使膝盖靠近胸部，脚尖蹬地。也可尝试左脚尖向右侧蹬地，右脚尖向左侧蹬地。

运动量：运动时间2～4分钟（20次/组×4组）。

提示：训练过程中收腹，绷紧腹肌，尽可能压低身体。

13 原地深蹲跳

长高星级：★★★★★

适合年龄：4岁及以上。

运动功效：提高肌力、节奏、平衡、身体认知、敏捷、空间认知、肢体表现等方面的技能。

技能发展：肌力　爆发　耐力　协调　平衡　敏捷　速度　节奏　柔韧　技巧

动作要领：自然并腿站立，纵跳向上时双腿打开，落地成深蹲，循环练习。

运动量：运动时间2～4分钟（30次/组×4组）。

提示：要求动作协调，深蹲到位。

⑭ 弹力带小腿拉伸

长高星级：★★★

适合年龄：5岁及以上。

运动功效：强化腿、臀、腹的大肌肉群，增强运动能力。

技能发展： 肌力　爆发　耐力　协调　平衡　敏捷　速度　节奏　柔韧　技巧

动作要领：俯卧，向上屈膝，将弹力带绕过脚踝，双手拉住弹力带两端，用力将踝关节下压，然后还原。

运动量：运动时间2～4分钟（20次/组×3组）。

提示：控制力量，缓慢进行。

弹力带小腿拉伸

15 俯卧撑开合腿

长高星级：★★★

适合年龄：5岁及以上。

运动功效：增强上肢和脚腕部肌肉力量，提高机体协调能力。

技能发展：<u>肌力</u>　<u>爆发</u>　<u>耐力</u>　<u>协调</u>　<u>平衡</u>　敏捷　速度　节奏　柔韧　技巧

动作要领：爸爸妈妈和孩子一起双手双脚撑地，呈俯卧撑姿势，两脚并拢，双手打开与肩同宽。一个人喊着"分开、并拢"，另外两人按口令做动作。熟练后可以加快速度。

运动量：运动时间2～4分钟（20次/组×4组）。

提示：控制身体稳定平衡，连续有节奏地做动作。

16 弹力带站姿提拉

长高星级：★★★

适合年龄：5岁及以上。

运动功效：提高上肢力量。

技能发展：肌力 爆发 耐力 协调 平衡 敏捷 速度 节奏 柔韧 技巧

动作要领：站立，将弹力带踩在脚下，并用力将弹力带上提，然后还原，反复训练。

运动量：运动时间4～6分钟（20次/组×4组）。

提示：缓慢发力、配合呼吸，注意力度和控制身体平衡。

第二章 | 儿童长高运动

第四节 拉伸运动

一、热身动作（动态拉伸）

动态拉伸，也叫动态伸展，通常作为体育运动前的热身活动，目的是提高机体兴奋性，防止运动过程中可能出现的运动损伤。

1 转头训练

长高星级：★★★

适合年龄：3岁及以上。

运动功效：激活颈部侧方肌和背部肌。

技能发展：肌力 爆发 耐力 协调 平衡 敏捷 速度 节奏 柔韧 技巧

动作要领：站立，向左侧仰头看天花板，到最大限度后保持15

转头训练

秒，回到中立位；再向右侧仰头看天花板，到最大限度后保持15秒，再回到中立位。以上步骤为1组。

运动量：运动时间2～4分钟（30秒×4组）。

提示：在动作进行中保持肩部放松挺立，垂直于地面。

② 弹力带环绕

长高星级：★★★
适合年龄：5岁及以上。
运动功效：提高肩部柔韧性。
技能发展：肌力　爆发　耐力　协调　平衡　敏捷　速度　节奏　柔韧　技巧
动作要领：双手拉紧弹力带，比肩稍宽，用力将弹力带绕至背后，然后还原，反复进行。
运动量：运动时间2～4分钟（10次×4组）。
提示：控制力量，缓慢进行。

3 肩部后伸展

长高星级：★★★

适合年龄：3岁及以上。

运动功效：拉伸双侧胸大肌、肩膀前侧肌肉。

技能发展：肌力　爆发　耐力　**协调**　平衡　敏捷　速度　节奏　**柔韧**　技巧

动作要领：站立，背部挺直，双脚与肩同宽，双手在背后抓住一根木棍。双手向上抬起身后的木棍，同时保持上身与地面垂直，直至感受到胸肌张力，保持30秒，然后回到起始位置。

运动量：运动时间2～4分钟（30秒×4组）。

提示：向上抬木棍时，要注意肩部的感觉，若感到任何不适就停止。

4 交叉上举拉伸

长高星级：★★★

适合年龄： 3岁及以上。

运动功效： 拉伸颈椎、腰椎及上肢。

技能发展： 肌力 爆发 耐力 协调 平衡 敏捷 速度 节奏 柔韧 技巧

动作要领： 站立，双臂平举，两手手指交叉，手臂向内翻转，将手背朝向自己，双臂继续上抬至180°。挺胸抬头，双臂向后采用"收缩—放松"的方式，带动躯干进行拉伸。

运动量： 运动时间2～4分钟（10次×4组）。

提示： 进行该动作时，要向前挺胸抬头、打开胸腔。

5 侧身上举

长高星级：★★★

适合年龄：3岁及以上。

运动功效：拉伸体侧肌肉。

技能发展：肌力　爆发　耐力　协调　平衡　敏捷　速度　节奏　柔韧　技巧

动作要领：站立，双脚打开比肩稍宽，双臂侧平举。身体向左侧下弯，左手尽力摸到左脚脚踝，或达到最大限度，保持动作后回复起始位置。两侧反复进行。

运动量：运动时间2～4分钟（20次×4组）。

提示：身体保持在一个平面，不要向前后弯曲。

6 双手支撑拉伸

长高星级：★★★

适合年龄：3岁及以上。

运动功效：拉伸腰、腹、背部肌肉。

技能发展：肌力　爆发　耐力　协调　平衡　敏捷　速度　节奏　柔韧　技巧

动作要领：俯卧于垫子上，双手放于身体两侧抵住地面，双腿双脚伸直；缓慢将胳膊伸直，渐渐撑起身体，感受腹部张力，动作保持20秒，重复进行6次。

运动量：运动时间2～4分钟（20秒×6组）。

提示：腹部与地面完全贴合或保持一指以内的距离，以免手肘伸得过直而抬升太多；若腰部感觉不适，则立刻停止。

7 膝关节震荡

长高星级：★★★

适合年龄：3岁及以上。

运动功效：拉伸腿部韧带，预防骨盆前倾，活动踝关节、膝关节。

技能发展：肌力　爆发　耐力　协调　平衡　敏捷　速度　节奏　**柔韧**　**技巧**

动作要领：盘腿坐下，双脚脚掌贴合，双手抓住双脚，大腿上下活动，不要太过用力，放松完成即可。

运动量：运动时间2～4分钟（20次×4组）。

提示：躯干不要发生移动或倾斜，久坐或久站后均可进行该放松动作。

8 交替前弓步

长高星级：★★★

适合年龄：3岁及以上。

运动功效：拉伸腿部肌肉，控制身体平衡。

技能发展：肌力　爆发　耐力　协调　平衡　敏捷　速度　节奏　柔韧　技巧

动作要领：站立，双手扶腰，左腿向前跨步，重心前移，身体下降，直到左侧大腿与地面平行，后回到起始位置。右侧同理。

运动量：运动时间2～4分钟（20次×4组）。

提示：在整个过程中，躯干始终垂直于地面，保持平衡，避免过度前倾和后仰。

交替前弓步

9 前后弓箭步

长高星级：★★★

适合年龄： 3岁及以上。

运动功效： 拉伸腿部肌肉，控制身体平衡。

技能发展： 肌力 爆发 耐力 协调 平衡 敏捷 速度 节奏 柔韧 技巧

动作要领： 站立，右脚向前迈一步，右腿膝盖弯曲，左腿向后伸展，身体下蹲做弓箭步动作，双手叠放在膝盖上；左腿在向后伸的过程中，从脚尖撑地姿势改变为整个脚背与地面接触、足心朝上；右侧大腿小腿呈90°时，保持15秒，然后回到正常站立位置。另侧同理，双侧动作为1组。

运动量： 运动时间2～4分钟（30秒×5组）。

提示： 在整个过程中，躯干始终垂直于地面、保持平衡，避免过度前倾和后仰。

⑩ 脚踝外展

长高星级：★★★

适合年龄：3岁及以上。

运动功效：活动脚踝。

技能发展：肌力　爆发　耐力　协调　平衡　敏捷　速度　节奏　柔韧　技巧

动作要领：站立，双脚分开与肩同宽，抬起脚跟，脚尖不动，脚跟向外侧移动，重复10次。

运动量：运动时间2～3分钟（10次×4组）。

提示：开始前先做环绕脚踝动作。

二、运动后拉伸（静态拉伸）

静态拉伸是将肌肉拉伸至极点，静止不动并保持15～30秒的持续拉伸方法。静态拉伸有助于将运动完成后处于紧绷状态的肌肉恢复成原本状态，并且静态拉伸还能加速恢复肌肉原本的弹性、减少酸胀疼痛、避免运动伤害，让肌肉线条更修长。

1 对侧颈屈

长高星级：★★★

适合年龄：3岁及以上。

运动功效：拉伸斜方肌和斜角肌。

技能发展：**肌力** 爆发 耐力 协调 平衡 敏捷 速度 节奏 **柔韧** **技巧**

动作要领：站位，双手背在身后，左手抓住右手腕部，右手掌心向外，五指伸开。头部向左侧倾斜，左手向下方拉右手，动作轻

柔，维持15秒。另侧同理，双侧动作为1组。

运动量：运动时间2～4分钟（30秒×4组）。

提示：身体不要发生倾斜，动作轻柔，缓慢拉伸。

2 扶杆转体拉伸

长高星级：★★★

适合年龄：3岁及以上。

运动功效：放松肩颈，拉伸胸部肌肉，使身姿挺拔。

技能发展：<u>肌力</u>　爆发　耐力　<u>协调</u>　平衡　敏捷　速度　节奏　<u>柔韧</u>　技巧

动作要领：左手扶固定杆，固定杆与身体保持略小于整根手臂的距离，手肘微曲；左脚在后，右脚在前，两脚打开约一步距离；左手攥住杆，向右前方旋转身体，手的位置不要发生移动，保持20秒。右侧同理，双侧动作为1组。

运动量：运动时间2～4分钟（40秒×5组）。

第二章 | 儿童长高运动

提示：在动作进行中，身体保持直立，不要前倾；扶杆的手保持静止，不要发生滑动或移动。没有固定杆可以用门框代替。

③ 跪拜式拉伸

长高星级：★★★
适合年龄：3岁及以上。
运动功效：拉伸背部肌肉群。
技能发展：肌力　爆发　耐力　协调　平衡　敏捷　速度　节奏　柔韧　技巧
动作要领：双膝、双足并拢跪地，坐在小腿上，大腿与小腿贴合；双臂前伸，躯干向下压，双手接触地面后向前伸，伸直到最大限度后，保持20秒。
运动量：运动时间2～4分钟（20秒×4组）。
提示：双脚保持并拢，不要出现分开或内、外八字的情况；头部自然下垂，拉伸后背部肌肉。

拉伸运动｜第四节

④ 体侧侧屈拉伸

长高星级：★★★

适合年龄：3岁及以上。

运动功效：拉伸腹外侧肌肉。

技能发展：肌力　爆发　耐力　协调　平衡　敏捷　速度　节奏　柔韧　技巧

动作要领：站立，左手叉腰，右手外展180°，贴住右耳，身体向左侧侧屈，侧屈范围在30°～40°，动作保持15秒。另侧同理，双侧动作为1组。

运动量：运动时间2～4分钟（30秒×4组）。

提示：身体不要发生前倾和后伸。

5 坐位臀肌拉伸

长高星级：★★★
适合年龄：3岁及以上。
运动功效：拉伸臀部肌肉。
技能发展：肌力 爆发 耐力 协调 平衡 敏捷 速度 节奏 柔韧 技巧
动作要领：坐在垫子上，两腿并拢伸直，双手放在身体两侧；将左脚跨过右腿放在右膝外侧；双手交叉扣住左膝向右侧肩部方向拉伸，感受到左侧臀部明显的拉伸感，动作保持15秒。另侧同理，双侧动作为1组。
运动量：运动时间2～4分钟（30秒×5组）。
提示：躯干始终朝向正前方，避免发生旋转。

6 分腿体前屈

长高星级：★★★

适合年龄：3岁及以上。

运动功效：拉伸肩膀、双腿、背部肌肉群，使身姿挺拔。

技能发展：肌力　爆发　耐力　协调　平衡　敏捷　速度　节奏　柔韧　技巧

动作要领：坐在垫子上，双腿伸直最大限度地打开；以髋为轴，躯干慢慢向前方伸展，双手触碰地面，臀部不动、与地面保持贴合。伸展到最大限度后，停顿20～30秒。

运动量：运动时间2～4分钟（30秒×5组）。

提示：腿部伸直不要弯曲膝盖，保证均匀呼吸。若感受到大腿后部张力过大，可以减小身体前屈程度。

7 单腿支撑拉伸

长高星级：★★★

适合年龄：3岁及以上。

运动功效：拉伸腿、臀部肌肉。

技能发展：肌力 爆发 耐力 协调 平衡 敏捷 速度 节奏 柔韧 技巧

动作要领：站立在台阶前面,将右脚放在台阶上,脚跟接触台阶,左腿伸直,双手扶在腿上,向前弯曲身体,随着身体下降双手下滑,缓慢进行,直至感觉到大腿后侧的张力,动作保持10秒。另侧同理,双侧动作为1组。

运动量：运动时间2～4分钟（20秒×5组）。

提示：弯下身体时,避免腰背部弓起,以减小腰部压力,达到更好的拉伸效果。

第五节　体态管理

一、脊柱侧弯改善练习

脊柱是人体的中轴，起着保护脊髓、承载身体上半身重量、维持人体活动的重要作用。正常脊柱在前后位上是一条直线，从侧面看，由于颈椎、胸椎和腰椎的生理弯曲，呈S形。脊柱侧弯指从正面看，脊柱向左或向右侧方弯曲，偏离中线。

脊柱侧弯是危害青少年和儿童的常见病，且发病过程不疼不痒、不易察觉，家长可以通过以下方法来早期识别脊柱侧弯。

① 观察肩膀高低

儿童闭眼原地踏步20秒，放松状态下自然站立，家长从正后方拍一张照片，观察其两肩是否一高一低。

② 观察背部

儿童双膝伸直，双脚并拢，双手合并向前伸直，双手指向脚尖，从腰部开始缓慢向下弯至背部到达水平面。家长站其背后，沿水平面观察儿童背部两侧是否高低不平；观察腰部脊柱两侧是否平直对称；用手指沿脊柱突划下来，看划出是不是直线。

如果以上任何一点出现不正常，应尽早前往医院就诊。

第二章 | 儿童长高运动

① 竖脊肌力量平衡

长高星级：★★★

适合年龄：3岁及以上。

运动功效：增强核心力量,增加双侧身体协调性,矫正躯干倾斜。

技能发展：肌力 爆发 耐力 协调 平衡 敏捷 速度 节奏 柔韧 技巧

动作要领：俯卧在垫子上,掌心向下,双臂向前伸展,双腿向后伸展。上身与下肢同时上抬,头部、肩部、膝部离开地面,保持3秒,然后回到起始位置。

运动量：运动时间2～4分钟(20次×4组)。

提示：保持匀速呼吸,上抬时吸气,下落时呼气;上肢和下肢始终保持伸直状态,不要发生屈肘和屈膝。

② 后仰伸展背肌

长高星级：★★★

适合年龄：3岁及以上。

运动功效：拉伸背部，增强身体核心力量。

技能发展：肌力　爆发　耐力　协调　平衡　敏捷　速度　节奏　柔韧　技巧

动作要领：仰卧，双腿屈膝向上抬起靠向胸前，双手环膝，辅助双腿向胸前靠拢。继续发力使臀部离开地面，双手上举，手背贴地，保持5秒。

运动量：运动时间2～4分钟（10次×3组）。

提示：控制身体稳定性，保证拉伸的平稳进行。

3 髋部肌群拉伸

长高星级：★★★

适合年龄：3岁及以上。

运动功效：拉伸髋部肌肉群。

技能发展：肌力　爆发　耐力　协调　平衡　敏捷　速度　节奏　柔韧　技巧

动作要领：坐在垫子上，双腿打开，右腿伸直，右脚脚尖向上；左腿盘腿，脚掌紧贴右大腿内侧。以胯骨为轴，躯干缓缓向下向前拉伸，双手朝向右脚脚尖的方向发力，握住脚尖或达到最大限度后，停顿15秒，换另一侧练习。双侧动作为1组。

运动量：运动时间2～4分钟（30秒×4～6组）。

提示：拉伸时前侧腿伸直，不要弯曲。

④ 抱膝静力伸展背肌

长高星级：★★★

适合年龄：3岁及以上。

运动功效：拉伸背肌。

技能发展：肌力　爆发　耐力　协调　平衡　敏捷　速度　节奏　柔韧　技巧

动作要领：躺在垫子上，双腿屈膝约90°向上抬起，靠向胸前，双手抱膝，手掌朝向内侧，辅助双腿向胸前靠拢，头部、臀部离开地面，同时使腰背部贴合地面，保持姿势10秒。

运动量：运动时间2～4分钟（10秒×4～6组）。

提示：控制身体稳定性，保证拉伸的平稳进行。

5 伸展胸腹肌

长高星级：★★★

适合年龄：3岁及以上。

运动功效：拉伸腹部肌肉，强化腿部肌肉力量。

技能发展：肌力　爆发　耐力　协调　平衡　敏捷　速度　节奏　柔韧　技巧

动作要领：趴在垫子上，双腿向上抬起，脚跟接近臀部，双手分别抓住同侧脚踝，头颈向后上方抬起，尽力伸展躯干，胯骨贴地，维持住平衡后保持10秒，然后回到起始位置。

运动量：运动时间2～4分钟（10秒×4～6组）。

提示：动作要缓慢进行，防止肌肉拉伤。

伸展胸腹肌

6 伸展腹斜肌

长高星级：★★★

适合年龄：3岁及以上。

运动功效：拉伸腹斜肌。

技能发展：肌力 爆发 耐力 协调 平衡 敏捷 速度 节奏 柔韧 技巧

动作要领：躺在垫子上，双手放在身体两侧，双腿屈膝双脚踩地，保持匀速呼吸。左腿自然搭在右腿膝盖上，脸转向右侧并尽力贴近地面，感受左侧腹部肌肉的拉伸，动作保持15秒。右侧同理，双侧动作为1组。

运动量：运动时间2～4分钟（30秒×4～6组）。

提示：肩膀要紧贴地面，躯干放松，缓慢拉伸。

伸展腹斜肌

7 跪卧撑

长高星级：★★★

适合年龄：5岁及以上。

运动功效：增强四肢力量。

技能发展：肌力 爆发 耐力 协调 平衡 敏捷 速度 节奏 柔韧 技巧

动作要领：跪在垫子上，双脚向上抬起离开地面，双手打开与肩同宽，直臂撑于地面。弯曲手臂俯身，胸部贴近地面，然后用力撑起，伸臂起身还原。

运动量：运动时间2～4分钟（10次×4组）。

提示：全程保持腰背挺直。起身时肘关节要伸直，但不要超伸。

8 顶髋练习

长高星级：★★★

适合年龄：3岁及以上。

运动功效：强化臀部肌肉，增强核心力量。

技能发展：肌力　爆发　耐力　协调　平衡　敏捷　速度　节奏　柔韧　技巧

动作要领：仰卧，膝盖弯曲约90°，脚掌踩地，两臂平放在体侧，左脚脚跟抬起踩在右腿膝盖上，臀肌发力将臀部抬起至大腿与身体呈一条直线，上背部支撑地面，保持动作，重复10次。另侧同理，双侧动作为1组。

运动量：运动时间2～4分钟（20次×4组）。

提示：动作要缓慢进行，防止肌肉拉伤。

9 仰卧挺胸

长高星级：★★★

适合年龄： 3岁及以上。

运动功效： 放松肩颈部肌肉群。

技能发展： 肌力　爆发　耐力　协调　平衡　敏捷　速度　节奏　柔韧　技巧

动作要领： 躺在垫子上，膝盖弯曲，脚掌踩地，双手掌心贴地。向上发力，抬起下颌和胸部，头顶和臀部要紧贴地面。

运动量： 运动时间2～4分钟（20次×4组）。

提示： 动作进行中，头顶和臀部要紧贴地面。

二、X型腿改善练习

X型腿,又称膝外翻,表现为双侧膝关节并拢时双侧踝关节内侧不能并拢。严重的膝外翻患儿走路两膝盖易碰击,走路不稳,易绊倒,易疲劳。

一般用两个脚踝之间的距离表示其严重程度(图2-2):自然站立、并拢双腿,两个脚踝内侧之间距离为3~6 cm为轻度膝外翻,6~10 cm为中度膝外翻,10 cm以上为重度膝外翻。上述的3 cm、6 cm、10 cm只是一个大概数字,具体的还是需要到医院进行医学检测。

轻度膝外翻可以通过矫正训练改善。如果一段时间后没有明显好转并且加重的话,应立即前往医院就诊。

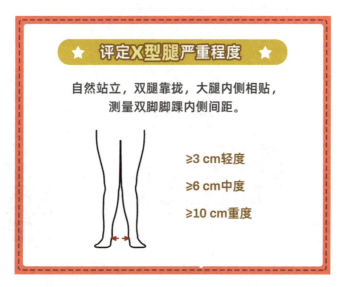

图 2-2　X 型腿

第二章 | 儿童长高运动

1 弹力带抬腿

长高星级：★★★

适合年龄： 3岁及以上。

运动功效： 强化髋外展肌群。

技能发展： 肌力　爆发　耐力　协调　平衡　敏捷　速度　节奏　柔韧　技巧

动作要领： 右侧侧躺，右手屈肘支撑头，左手扶髋关节，左腿放在右腿上，双腿均完全伸展；弹力带两端打结，套在两腿脚踝。右腿保持不动，左腿缓慢上抬至40°左右（保持弹力带绷紧），保持10秒钟然后回到起始位置。另侧同理，双侧动作为1组。

运动量： 运动时间2～4分钟（20秒×5组）。

提示： 抬腿时腿伸直，且要保证与身体处在同一平面内。若没有弹力带，也可在脚踝处捆绑沙袋，增加负重。

② 弹力带半蹲

长高星级：★★★

适合年龄：3岁及以上。

运动功效：强化髋部和腿部肌肉力量。

技能发展：肌力　爆发　耐力　协调　平衡　敏捷　速度　节奏　柔韧　技巧

动作要领：站立，大腿处绑一根弹力带，双脚打开与肩同宽或稍宽，脚趾向前，挺胸、抬头、收腹。保持背部挺直，腹部收紧，缓慢下蹲。同时双腿绷紧弹力带，抵抗弹力带的回弹力。

运动量：运动时间2～4分钟（20次×4组）。

提示：下蹲时要集中精力向后坐，将重心放在后脚跟，保持躯干伸直。

3 侧弓步

长高星级：★★★

适合年龄：3岁及以上。

运动功效：强化臀腿部肌肉。

技能发展：肌力　爆发　耐力　协调　平衡　敏捷　速度　节奏　柔韧　技巧

动作要领：双腿尽量打开站立，上身挺直，腹部收紧身体重心左移，以左腿为重心下蹲，直到左大腿与地面接近平行，右腿伸直且脚底紧贴地面，上体前倾且臀部向后挺，回到起始位置，重复10次。另侧同理，双侧动作为1组。

运动量：运动时间2～4分钟（20次×4组）。

提示：双脚脚尖朝正前方，下蹲时重心在脚跟；膝关节在脚的正上方，躯干挺直。

④ 侧卧举腿

长高星级：★★★

适合年龄：3岁及以上。

运动功效：强化臀腿部肌肉。

技能发展：肌力　爆发　耐力　协调　平衡　敏捷　速度　节奏　柔韧　技巧

动作要领：右侧侧躺，右手屈肘支撑头，左臂屈肘支撑地面，右侧腿屈膝，左腿放在右腿上。臀部、膝盖、肩膀需保持在一条直线。左腿侧向上抬，上抬到最大限度后，缓慢下落，重复10次。另侧同理，双侧动作为1组。

运动量：运动时间2～4分钟（20次×4组）。

提示：整个过程中，保证躯干不动；身体保持在一条直线，避免臀部向前或向后。

5 相扑蹲

长高星级：★★★

适合年龄：3岁及以上。

运动功效：强化腿部股四头肌和臀部肌肉。

技能发展：<u>肌力</u>　爆发　<u>耐力</u>　<u>协调</u>　<u>平衡</u>　敏捷　速度　节奏　<u>柔韧</u>　技巧

动作要领：站立，双脚打开约两倍肩宽，脚尖朝向斜前方。双手交叉握拳置于胸口。上半身尽可能挺直，下蹲时臀部稍微向后坐。下蹲到大腿平行地面时，膝盖要和脚尖方向一致。

运动量：运动时间2～4分钟（20次×4组）。

提示：下蹲时吸气，起身时呼气。

三、O型腿改善练习

O型腿又称为膝内翻、罗圈腿，表现为双侧下肢伸直、双侧踝关节并拢时，双侧膝关节内侧合并不拢。膝内翻儿童容易导致髌骨脱位，活动功能受到影响，引发关节炎等病症。

一般用两膝关节之间的距离表示其严重程度（图2-3）。自然站立、并拢双腿、双足部靠拢，两个膝关节内侧的间距 3～5 cm 为轻度膝内翻，5 cm 以上为重度膝内翻。上述的 3 cm 和 5 cm 只是一个大概数字，具体的还是需要到医院进行医学检测。

轻度膝内翻可以通过矫正训练改善，如果一段时间后没有明显好转并且加重的话，应立即前往医院就诊。

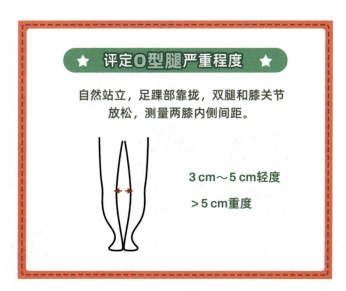

图 2-3　O 型腿

1 脚踝运动

长高星级：★★★

适合年龄：3岁及以上。

运动功效：提高踝关节灵活性和协调性。

技能发展：肌力　爆发　耐力　协调　平衡　敏捷　速度　节奏　柔韧　技巧

动作要领：站立，双脚与肩同宽，脚尖朝向正前方不动，脚跟向左右反复运动。然后脚跟不动，脚尖向左右反复运动。

运动量：运动时间2～4分钟（20次×4组）。

提示：脚跟或脚尖在进行中作为支点，保持与地面贴合，不可离开地面。

② 侧卧夹腿

长高星级：★★★

适合年龄：3岁及以上。

运动功效：强化大腿内外侧肌群。

技能发展：肌力　爆发　耐力　协调　平衡　敏捷　速度　节奏　柔韧　技巧

动作要领：右侧侧躺，右手屈肘支撑头，左臂屈肘支撑地面，左腿放在右腿上，双腿均完全伸展；在右腿大腿内侧放一条毛巾。右腿保持不动，左腿侧向上抬至50°左右，然后回到起始位置后用力夹一下放在右腿上的毛巾，重复15次。另侧同理，双侧动作为1组。

运动量：运动时间2～4分钟（30次×4组）。

提示：抬腿时腿伸直，且要保证与身体处在同一平面内。

③ 髋关节练习

长高星级：★★★

适合年龄：3岁及以上。

运动功效：强化内收肌。

技能发展：<u>肌力</u>　爆发　<u>耐力</u>　协调　平衡　敏捷　速度　节奏　<u>柔韧</u>　技巧

动作要领：左侧卧位，左手支撑头部，右手支撑地面，右腿放到椅子上，双腿均完全伸展。右腿保持不动，左腿向右腿靠拢，动作缓慢，直至贴到右腿保持几秒钟，然后回到起始位置，重复10次。另侧同理（可通过在左脚踝处捆绑沙袋，增加负重，提高训练强度），双侧训练为1组。

运动量：运动时间2～4分钟（20次×4组）。

提示：整个过程中保证躯干不动，身体保持在一条直线，避免髋关节屈曲或伸展。

四、扁平足改善练习

扁平足为一种足部畸形。正常的脚底是自然的弓形,但扁平足脚底基本是平的,足弓不明显。

扁平足多是生理性的,在学龄前儿童中很常见。随着年龄增加,绝大部分扁平足情况会逐渐得到改善。

2岁以内的儿童,足弓尚未发育,其脚骨大部分是没有钙化的软骨。加之他们的脚底都有肥厚的脂肪和软组织,足弓并不易被发现,呈现为扁平足的形态。

2~4岁的儿童,普遍会存在"生理性平足"。这是由于儿童足部肌肉、肌腱、韧带等组织的力量不能满足站立、行走、跑跳等造成的压力,而引起的假性足弓变形,是部分儿童生长发育过程中必然的过渡阶段。

4岁以上的儿童,正在发育的足弓开始逐渐显现,如果这一阶段家长发现儿童脚底还是平平的,须及时就诊检查。在罕见的情况下,扁平足也可能是病理性的,表现为僵硬性扁平足,会造成人体稳定性减弱、弹跳能力降低、足部肌肉乏力疼痛,进而引起运动能力下降,这些都会对儿童身高产生间接影响。

此外,扁平足还可继发一系列畸形,如脊柱侧凸和姿势性问题,影响儿童体态。轻微的扁平足可以通过训练来改善。但若扁平足伴有疼痛,甚至出现步态异常、反复扭伤、腰背疼痛、长短腿、脊柱侧弯等,要尽快到医院请足踝外科或骨科医生进行全面评估。

第二章 | 儿童长高运动

1 原地提踵

长高星级：★★★

适合年龄：3岁及以上。

运动功效：强化小腿腓肠肌和比目鱼肌。

技能发展：肌力　爆发　耐力　协调　平衡　敏捷　速度　节奏　柔韧　技巧

动作要领：双脚并拢站立，双手叉腰，反复做提踵（提起脚后跟，用前脚掌支撑身体）的动作。

运动量：运动时间2～4分钟（20次×4组）。

提示：整个过程中，身体保持在一条直线。

② 坐姿举腿练习

长高星级：★★★

适合年龄：3岁及以上。

运动功效：强化腹直肌下部肌群。

技能发展：肌力　爆发　耐力　协调　平衡　敏捷　速度　节奏　柔韧　技巧

动作要领：坐在椅子上，两手叉腰，上半身尽可能挺直，两腿自然弯曲。利用腹肌的力量，屈膝举腿，可先尝试举一条腿。为了增加趣味性，可以用脚掌抓袜子并举起。抬腿的时候，上半身不要后仰；背部要挺直，目视前方。

运动量：运动时间2～4分钟（20次×4组）。

提示：为保持腹肌持续张力，还原动作要尽量慢；椅子的高度尽量不超过孩子膝盖的高度。

③ 脚底滚球练习

长高星级：★★★

适合年龄：3岁及以上。

运动功效：放松足底肌。

技能发展：肌力　爆发　耐力　协调　平衡　敏捷　速度　节奏　柔韧　技巧

动作要领：坐在椅子上，脚踩一只网球，利用足部的力量使球滚动，按摩脚底。

运动量：运动时间2～4分钟（40次×4组）。

提示：椅子的高度尽量不超过孩子膝盖的高度。

滚动按摩脚底

脚底滚球练习

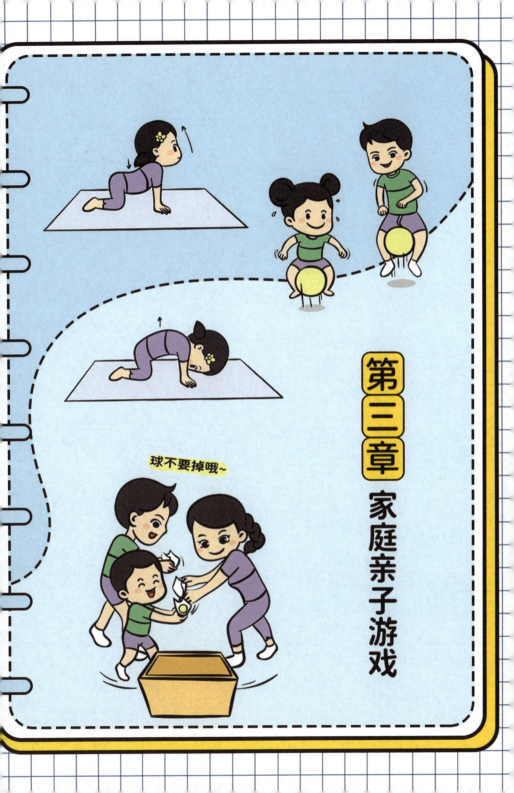

爱玩是孩子的天性，儿童活泼好动、喜好模仿、想象力丰富，不喜欢被条条框框所约束。游戏的特点是儿童可自愿参与，重过程不重结果；可充分发挥儿童的想象力，并使其在玩耍中感受到运动的愉悦。因此，游戏是最符合儿童身心特点的身体活动形式。

儿童在奔跑、跳跃、投掷等日常游戏中，不但能促进身体新陈代谢、刺激骨骼和肌肉的成熟、提高心肺功能，还能全面地发展身体协调性、灵敏性等多种身体素质，提高运动能力。

本章按照"以发展基本动作技能为目标"和"以发展重要身体素质为目标"两大类来分类。其中，"以发展基本动作技能为目标"的游戏包括"身体姿势控制类""肢体精细控制类""物体控制类"和"移动类"；以"发展重要身体素质为目标"的游戏包括"平衡类""灵敏类"和"协调类"。

本章的游戏会借助家庭中常见的物品作为道具，如毛绒玩具、纸杯、气球、书、绳子、软垫等。家长可以和儿童一起准备道具，这样做既能增强儿童的动手能力，还能增加游戏的乐趣。

另外，在准备道具过程中，可以根据实际情况酌情替换，以便简单、便捷地开展游戏，"随时随地"动起来，让运动不再有"借口"。

第一节　身体姿势控制类游戏

1 树和树懒

长高星级：★★★

适合年龄：3岁及以上。

运动功效：发展肌肉耐力，锻炼悬吊的运动技能。

技能发展：**肌力**　爆发　**耐力**　协调　平衡　敏捷　速度　节奏　**柔韧**　技巧

动作要领：在地板上铺软垫，家长站在上面。儿童双手抱着家长的脖子，像树懒一样悬吊在家长身上。家长要读秒"1秒、2秒、3秒……"来计算时间。结束后，告诉儿童他坚持了多长时间并予以夸奖。

运动量：运动时间3～5分钟。

提示：家长要保持身体稳定平衡。

2 我的小长腿

长高星级：★★★★

适合年龄：3岁及以上。

运动功效：发展下肢和腰部力量。

技能发展：肌力 爆发 耐力 协调 平衡 敏捷 速度 节奏 柔韧 技巧

动作要领：儿童屈膝躺在地上，家长站立在儿童的腿边，双手拿一个玩具悬于儿童双腿上方，儿童并拢双腿，用双脚努力去踢玩具，直到把家长手里的玩具踢下来。

运动量：运动时间3～5分钟。

提示：家长不断调整物体的高度，增加难度。

3 膝盖撑地击掌

长高星级：★★★

适合年龄：3岁及以上。

运动功效：发展耐力与灵活性。

技能发展：肌力 爆发 耐力 协调 平衡 敏捷 速度 节奏 柔韧 技巧

动作要领：家长和儿童相对而跪，双手撑地，抬起双脚，仅膝盖和手掌触地，然后双方有节奏地相互换手、用单手击掌。

运动量：运动时间3～5分钟。

提示：可不断加快击掌的速度，以锻炼儿童的反应能力。

④ 转陀螺

长高星级：★★★★

适合年龄：3岁及以上。

运动功效：发展四肢肌肉力量和耐力。

技能发展：肌力　爆发　耐力　协调　平衡　敏捷　速度　节奏　柔韧　技巧

动作要领：家长躺在地上，双腿抬起；儿童站在家长两腿中间，用腋下夹住家长的两条腿，然后像推磨一样转动家长；每转一圈，家长喊出圈数。

运动量：运动时间3～5分钟。

提示：若儿童臂力不够，家长要稍微发力。

转陀螺

⑤ 靠墙倒立

长高星级：★★★

适合年龄：3岁及以上。

运动功效：提高运动技能（倒立），锻炼筋骨，体验倒立的感觉。

技能发展：肌力　爆发　耐力　协调　平衡　敏捷　速度　节奏　柔韧　技巧

动作要领：寻找靠墙或柱子的位置，家长抓住儿童的双脚，帮儿童把脚抬起来，靠墙倒立；待儿童体姿端正后，看好时机再帮儿童翻下来；习惯后试着让儿童一个人完成。

运动量：运动时间3～5分钟。

提示：开始时家长要扶好儿童，熟练后再让其尝试一个人做。

6 蝎子倒钩

长高星级：★★★

适合年龄：3岁及以上。

运动功效：发展身体控制能力与柔韧性。

技能发展：肌力　爆发　耐力　协调　平衡　敏捷　速度　节奏　柔韧　技巧

动作要领：家长和儿童并排趴在地上，双臂与身体呈45°角打开，双腿并拢，然后左脚向右前方抬起去够右手，再用右脚向左前方抬起去够左手。

运动量：运动时间3～5分钟。

提示：尽量用脚去主动触碰。

蝎子倒钩

7 自动雨刮器

长高星级：★★★

适合年龄： 3岁及以上。

运动功效： 发展下肢肌肉力量和韧带柔韧性。

技能发展： 肌力 爆发 耐力 协调 平衡 敏捷 速度 节奏 柔韧 技巧

动作要领： 家长和儿童仰躺在墙边，臀部抵住墙壁，双腿伸直放在墙上模仿汽车雨刮器。家长说"下小雨了"，儿童双腿开合的速度慢；家长说"下大雨了"，儿童双腿开合的速度快。

运动量： 运动时间3～5分钟。

提示： 尽可能大角度地分开双腿，拉伸韧带。

8 人体拱桥

长高星级：★★★★

适合年龄：3岁及以上。

运动功效：充分拉伸关节，延长肌肉和韧带，给予骨骼增长的空间，促进身高增长。

技能发展：肌力　爆发　耐力　协调　平衡　敏捷　速度　节奏　柔韧　技巧

动作要领：家长准备一个直径约45 cm的花生球或瑜伽球，儿童双脚支撑在地面上，背部躺在瑜伽球上，双臂上举，双手缓慢撑地，颈部放松下垂，身体呈"拱桥"状，并维持20～30秒。

运动量：运动时间3～5分钟（5～10次×5组）。

提示：家长可帮助保持瑜伽球的稳定。若儿童肌力及柔韧性较强，可撤去花生球，用手掌及脚支撑身体，挺髋，身体呈"拱桥"状。

9 小猫伸懒腰

长高星级：★★★

适合年龄：3岁及以上。

运动功效：充分拉伸脊柱，延长肌肉和韧带，给予骨骼增长的空间，促进身高增长。

技能发展：肌力　爆发　耐力　协调　平衡　敏捷　速度　节奏　柔韧　技巧

动作要领：手、膝支撑在地垫上，两膝分开与肩同宽，大腿与两臂垂直于地面，背部保持与地面平直。随着吸气，背部慢慢向下呈弧形，臀部自然向上翘起，胸部向上提升，头部慢慢抬起，脖子拉长，不要耸肩，手臂与大腿仍垂直于地面。然后呼气，背部慢慢收回，再继续向上拱起，腹部慢慢收紧，背部形成一个拱形，逐渐拱到最高处，动作保持20～30秒。头部慢慢向下，大腿和手臂仍然垂直于地面。

运动量：运动时间 3～5 分钟（5～10 次 ×5 组）。
提示：在可耐受的范围尽量伸展、牵拉身体，使脊柱得到充分伸展。

⑩ 身体支撑做 V 字

长高星级：★★★
适合年龄：4 岁及以上。
运动功效：增强腿部、腰腹部肌肉力量，增强身体平衡能力，提高运动耐力。
技能发展：肌力　爆发　耐力　协调　平衡　敏捷　速度　节奏　柔韧　技巧
动作要领：坐在垫子上，用双手撑地，双腿抬起，用身体支撑做 V 字形。熟练后可双手侧平举起，做 V 字形的姿势。
运动量：运动时间 3～5 分钟。
提示：双腿伸直不要弯曲、背部挺直，保持身体平衡稳定。

11 小推车

长高星级：★★★

适合年龄：5岁及以上。

运动功效：发展儿童攀爬运动中的手臂协调能力和耐力。

技能发展：肌力　爆发　耐力　协调　平衡　敏捷　速度　节奏　柔韧　技巧

动作要领：儿童趴在地上，手臂撑起身体，家长抬起儿童的双脚向前推行。儿童用手臂支撑向前爬行，两人合力一起走过一定距离。

运动量：运动时间3～5分钟。

提示：游戏开始前儿童要充分热身，活动手腕和上臂。

12 谁的马力足

长高星级：★★★

适合年龄：5岁及以上。

运动功效：发展腰腹力量。

技能发展：肌力 爆发 耐力 协调 平衡 敏捷 速度 节奏 柔韧 技巧

动作要领：地板上画一条横线，准备一根长布条，布条两端分别系在家长和儿童的腰间。家长和儿童四肢着地，绷紧布条，布条的中间与地上的横线对齐。比赛开始后，双方同时用力，谁先将对方拉过线则获胜。

运动量：运动时间3～5分钟。

提示：家长要表现演技，不动声色地让着儿童。

谁的马力足

13 导弹发射

长高星级：★★★★

适合年龄：5岁及以上。

运动功效：发展腰腹力量。

技能发展：肌力　爆发　耐力　协调　平衡　敏捷　速度　节奏　柔韧　技巧

动作要领：家长在儿童面前随意摆放数个纸杯，纸杯之间距离不固定。儿童用双脚夹住纸巾包，双脚同时起跳将纸巾包抛向前方。需通过调整方向和力量，击中纸杯。

运动量：运动时间3～5分钟。

提示：家长可以和儿童比赛，增加竞争氛围。

⑭ 鲤鱼摆尾

长高星级：★★★★

适合年龄：5岁及以上。

运动功效：发展身体协调能力与腰部肌肉力量、团队协作能力。

技能发展：肌力　爆发　耐力　协调　平衡　敏捷　速度　节奏　柔韧　技巧

动作要领：家长和儿童头顶头仰躺在垫子上，家长双手握住儿童的双手，双方同时用力将双腿并拢往头部的方向举起。重复进行动作，也可以尝试用脚接物，增加难度与趣味性。

运动量：运动时间3～5分钟。

提示：游戏开始前要充分热身，保持身体平衡稳定。

第二节 肢体精细控制类游戏

1 足足相传

长高星级：★★★

适合年龄：3岁及以上。

运动功效：发展身体协调能力和肌肉耐力。

技能发展：肌力　爆发　耐力　协调　平衡　敏捷　速度　节奏　柔韧　技巧

动作要领：爸爸、儿童、妈妈在客厅坐成一排，由爸爸开始用脚夹玩具传给儿童，儿童再用脚传给妈妈，妈妈最后用脚将玩具放到储物盒里。爸爸、儿童、妈妈的顺序可更改。

运动量：运动时间5～8分钟。

提示：传递过程中双脚不能落地，传递的物品不要是尖棱角的东西。

2 保龄球

长高星级：★★★

适合年龄： 3岁及以上。

运动功效： 发展手部灵活性和控制能力。

技能发展： 肌力　爆发　耐力　协调　平衡　敏捷　速度　节奏　柔韧　技巧

动作要领： ① 用盒子剪出三个拱形门，分别标上"5""10""15"。地上画条起点线，纸盒放在1～2米外，模拟成迷你保龄球场。② 爸爸和儿童轮流将十个乒乓球或玻璃球滚进盒子。通过一个拱门就得到相应的分数。最后，谁的分数最高谁就获胜。③ 妈妈做裁判，记录分数，游戏可以变换角色，重复进行。

运动量： 运动时间5～10分钟。

提示： 根据情况调整盒子的距离，以增加游戏的难度。

保龄球

3 孵小鸡

长高星级：★★★

适合年龄：3岁及以上。

运动功效：发展控制力与敏捷性，锻炼钻的运动技能。

技能发展：肌力　爆发　耐力　协调　平衡　敏捷　速度　节奏　柔韧　技巧

动作要领：用被子将儿童卷起来，让儿童试着从里面挣脱出来，家长要在边上给儿童鼓劲打气。

运动量：运动时间5～8分钟。

提示：家长可以给儿童先做个示范。

4 快乐卷卷卷

长高星级：★★★

适合年龄：3岁及以上。

运动功效：发展手部灵活性和控制能力。

技能发展：肌力　爆发　耐力　协调　平衡　敏捷　速度　节奏　柔韧　技巧

动作要领：长线一端系在纸卷上作为手柄，另一端系在纸板上，纸板上放一个道具。家长和儿童并排而坐，然后开始卷手柄，看谁先将纸板上的道具拿到手。

运动量：运动时间5～8分钟。

提示：若道具掉落则要从头开始。

5 打豆豆

长高星级：★★★

适合年龄：3岁及以上。

运动功效：发展手眼协调能力与控制能力，提高专注度。

技能发展：肌力　爆发　耐力　协调　平衡　敏捷　速度　节奏　柔韧　技巧

动作要领：在地上摆一排纸杯，儿童手里提着一根线，线末端系一个道具，然后晃动道具去打纸杯。

运动量：运动时间8～10分钟。

提示：家长和儿童比赛，看谁打倒的纸杯多。

6 足排球

长高星级：★★★★

适合年龄：3岁及以上。

运动功效：发展协调反应力与肌肉耐力。

技能发展：肌力　爆发　耐力　协调　平衡　敏捷　速度　节奏　柔韧　技巧

动作要领：儿童用手击打气球，家长用脚踢回，反复进行。没接住气球的就算失败，家长和儿童可以互换角色进行。

运动量：运动时间8～10分钟。

提示：可在地板上画线，家长和儿童各在一边击球。

7 小球接力赛

长高星级：★★★

适合年龄：3岁及以上。

运动功效：发展协调反应能力和相互配合的能力。

技能发展：肌力 爆发 耐力 协调 平衡 敏捷 速度 节奏 柔韧 技巧

动作要领：家长和儿童将书握成拱形，接力来运送乒乓球。球不能落地，若落地需要从头开始。

运动量：运动时间5～8分钟。

提示：游戏开始前规定需要运输的乒乓球的数量；运球和交接球的过程中不能用手扶球。

⑧ 大脚碰小脚

长高星级：★★★

适合年龄：3岁及以上。

运动功效：发展身体协调能力与下肢力量。

技能发展：肌力　爆发　耐力　协调　平衡　敏捷　速度　节奏　柔韧　技巧

动作要领：家长和儿童相对而站，手拉手有节奏地跳起来，同时伸出左脚相碰，然后伸出右脚相碰，循环进行。

运动量：运动时间5～8分钟。

提示：可以尝试一边碰、一边移动，游戏更有趣。

9 筷子运动

长高星级：★★★

适合年龄：5岁及以上。

运动功效：提高手臂肌肉的协调能力，锻炼专注力。

技能发展：肌力 爆发 耐力 协调 平衡 敏捷 速度 节奏 柔韧 技巧

动作要领：准备2个盒子，一个装满乒乓球、一个为空，两个盒子相隔一定距离摆放。将装满乒乓球的盒子视为起点，空盒子为终点。家长和儿童用筷子夹着乒乓球运到空盒子里，10分钟内运球多者获胜。

运动量：运动时间8～10分钟。

提示：在搬运的时候乒乓球不能掉下来，掉下来必须从头开始。

⑩ 瓶盖保龄球

长高星级：★★★

适合年龄：5岁及以上。

运动功效：发展协调性，锻炼用手指推的运动技能。

技能发展：肌力　爆发　耐力　协调　平衡　敏捷　速度　节奏　柔韧　技巧

动作要领：家长准备空的酸奶盒、矿泉水瓶盖若干，将酸奶盒放在餐桌的一边，儿童在另一边用手推瓶盖击打酸奶瓶。

运动量：运动时间8～10分钟。

提示：家长可以和儿童交替进行击打，也可用其他轻质空瓶替代酸奶瓶。

11 一字马比赛

长高星级：★★★

适合年龄：5岁及以上。

运动功效：增强下肢的肌肉力量，利于下肢长骨生长。

技能发展：肌力　爆发　耐力　协调　平衡　敏捷　速度　节奏　柔韧　技巧

动作要领：儿童和家长并排站立猜拳，输的人两脚分开的距离就增加一点。猜拳时可以转体、转腰、转脚踝等，也可以换手猜拳。

运动量：运动时间5～8分钟。

提示：若双脚开立太大，须注意安全，可以重新开始。

12 火烈鸟运球

长高星级：★★★★

适合年龄：5岁及以上。

运动功效：发展协调控制能力、腿部肌肉力量与肢体柔韧性。

技能发展：肌力　爆发　耐力　协调　平衡　敏捷　速度　节奏　柔韧　技巧

动作要领：儿童和家长用手提起一条腿，单脚跳着用单手运乒乓球，在规定时间内完成最多的获胜。

运动量：运动时间8～10分钟。

提示：注意保持身体平衡，防止摔倒。没有乒乓球，也可以用玩具或纸团代替。

第三节　物体控制类游戏

1 背后扔球

长高星级：★★★

适合年龄：3岁及以上。

运动功效：增强肌肉力量和爆发力，增加柔韧性以及空间认知感，提高运动技能。

技能发展：肌力　爆发　耐力　协调　平衡　敏捷　速度　节奏　柔韧　技巧

动作要领：家长和儿童面对面站立，保持一定距离。儿童拿球，用膝盖的屈伸形成弹力，弯腰从背后把球扔出去，家长接球。熟练后，可以交替扔球玩耍。

运动量：运动时间5～8分钟。

提示：最好选择软球。

② 扔到河马嘴里

长高星级：★★★

适合年龄：3岁及以上。

运动功效：提高运动技能（胯下扔球），锻炼协调性、技巧性、柔软性及空间认识能力。

技能发展：肌力　爆发　耐力　**协调**　平衡　敏捷　速度　节奏　**柔韧**　**技巧**

动作要领：家长手持纸箱或网兜，离儿童一定距离站立。儿童背对家长站立，弯腰，利用上身向下弯的顺势把球从胯下扔进纸箱。尝试花式扔球，比如：抬起一条腿，从腿下扔球。惯用手扔球熟练后，可再换另一只手练习。

运动量：运动时间5～8分钟。

提示：逐渐拉开投球距离。

3 袋鼠跳跳跳

长高星级：★★★★★

适合年龄：3岁及以上。

运动功效：发展身体协调能力与肌肉耐力，锻炼弹跳的运动技能。

技能发展：肌力　爆发　耐力　协调　平衡　敏捷　速度　节奏　柔韧　技巧

动作要领：家长和儿童用大腿内侧夹一个球，从起点跳到终点。球掉下来要从头开始跳。

运动量：运动时间5～8分钟。

提示：跳跃时要注意保持身体平衡，另外家长要注意让着儿童。

4 亲子夹物机

长高星级：★★★

适合年龄：3岁及以上。

运动功效：发展身体协调性和上肢肌肉耐力。

技能发展：<u>肌力</u> 爆发 耐力 <u>协调</u> 平衡 敏捷 速度 节奏 柔韧 技巧

动作要领：家长双臂穿过儿童的腋下，将儿童抬起来。儿童用双脚夹起A处的纸杯，家长移动到B处后，儿童将纸杯放下，循环做动作。

运动量：运动时间5～8分钟。

提示：根据儿童的实际情况，规定移动的杯子数量。

5 快乐颠气球

长高星级：★★★★

适合年龄： 3岁及以上。

运动功效： 发展身体协调能力和灵敏性。

技能发展： 肌力　爆发　耐力　协调　平衡　敏捷　速度　节奏　柔韧　技巧

动作要领： 家长和儿童各拿一个充气棒、一个气球，用充气棒连续不断地颠气球，不让气球落地。

运动量： 运动时间5～8分钟。

提示： 尝试每人颠两个气球，并且都不能落地。

6 毛毛虫

长高星级：★★★

适合年龄：3岁及以上。

运动功效：发展身体协调能力和灵敏性。

技能发展：肌力　爆发　耐力　协调　平衡　敏捷　速度　节奏　柔韧　技巧

动作要领：家长和儿童屈膝坐在地上，用双腿夹住玩偶，双手放在身后将身体支撑住，然后手、脚、屁股协助前进，前进过程中保持玩偶不掉，看谁先到终点。

运动量：运动时间5～8分钟。

提示：将玩偶换成气球，可以增加游戏的刺激性。

7 投射大比拼

长高星级：★★★

适合年龄：3岁及以上。

运动功效：发展身体协调性，锻炼投的运动技能。

技能发展：肌力　爆发　耐力　协调　平衡　敏捷　速度　节奏　柔韧　技巧

动作要领：将5个一次性纸杯倒扣在地上，间隔50 cm摆成一排，杯底上各放一个乒乓球。家长和儿童各站一边，用道具玩偶砸向纸杯，规定时间内击中数量最多的获胜。

运动量：运动时间8～10分钟。

提示：可以用道具玩偶替代纸杯和乒乓球。

8 魔毯飞人

长高星级： ★★★★★

适合年龄： 4岁及以上。

运动功效： 发展身体协调能力与下肢肌肉力量。

技能发展： 肌力 爆发 耐力 协调 平衡 敏捷 速度 节奏 柔韧 技巧

动作要领： 家长和儿童各准备一条地垫，双脚站在垫子上，双手拉住垫子的两端，然后跳着前进。家长和儿童比赛，看谁先到终点。

运动量： 运动时间5～8分钟。

提示： 跳跃时注意手脚协调、保持身体平衡。

9 小小运输员

长高星级：★★★

适合年龄：4岁及以上。

运动功效：发展身体协调能力和平衡能力。

技能发展：肌力　爆发　耐力　协调　平衡　敏捷　速度　节奏　柔韧　技巧

动作要领：家长和儿童前方各放置3本以上竖立的书，同时分别头顶1本书，走到目标前将头顶的书砸向目标，使地上的书倒地即可。

运动量：运动时间5～10分钟。

提示：可通过增加与目标的距离来提升难度。

小小运输员

10 小海狮顶气球

长高星级: ★★★★

适合年龄: 4岁及以上。

运动功效: 促进下肢肌肉力量及爆发力发展;增强心肺功能;促进新陈代谢和生长激素分泌,有利于腿部长骨生长。

技能发展: 肌力 爆发 耐力 协调 平衡 敏捷 速度 节奏 柔韧 技巧

动作要领: 家长与儿童面对面站立,将气球向儿童头顶前方抛去,儿童把握时机跳起,用头将飞过来的气球顶出,家长接住球。重复上述过程。

运动量: 运动时间5~8分钟。

提示: 不能用手摸球。

小海狮顶气球

11 套 圈

长高星级：★★★

适合年龄：5岁及以上。

运动功效：发展身体协调能力，锻炼投的运动技能。

技能发展：肌力　爆发　耐力　协调　平衡　敏捷　速度　节奏　柔韧　技巧

动作要领：将装满水的塑料瓶放在距离起点3 m远处，家长和儿童轮流投掷塑料圈，每人投10次，套住瓶子最多次数的获胜。

运动量：运动时间5～8分钟。

提示：可逐渐增加塑料瓶与起点线之间的距离，提升难度。

12 托球看字

长高星级：★★★★

适合年龄：5岁及以上。

运动功效：发展身体协调性和灵敏性，锻炼颠球的运动技能。

技能发展：肌力　爆发　耐力　协调　平衡　敏捷　速度　节奏　柔韧　技巧

动作要领：妈妈当裁判，儿童和爸爸各拿着一个乒乓球拍，拍子上托着或颠着一个乒乓球，两人相对而站。妈妈在儿童和爸爸的背上贴上字条然后喊"开始"，儿童和爸爸各自用拍子颠着球，互相争着看对方的后背，先讲出对方后背上字的获胜。

运动量：运动时间5～8分钟。

提示：字一定要是儿童认识的；儿童不能用乒乓球拍可以用小网球拍；另外，爸爸可以不动声色地让着儿童，增加儿童玩游戏的兴趣。

13 卧式颠球

长高星级：★★★

适合年龄：5岁及以上。

运动功效：发展肌肉耐力与协调能力。

技能发展：肌力　爆发　耐力　协调　平衡　敏捷　速度　节奏　柔韧　技巧

动作要领：设定颠球数量的目标，让儿童躺在床上/垫子上用手颠球，家长计数，须完成规定数量。

运动量：运动时间5～8分钟。

提示：适合儿童睡不着时消耗精力，家里有两个孩子的话可以互相传球。

第四节　移动类游戏

1 单双人跳圈

长高星级：★★★★★
适合年龄：3岁及以上。
运动功效：增强腿部、臀部肌肉力量，提高运动能力，促进腿骨生长。
技能发展：肌力　爆发　耐力　协调　平衡　敏捷　速度　节奏　柔韧　技巧

动作要领：① 并脚跳进中间的彩色圆圈，跳出来时，双脚叉开踩到2只圈中。也可以将圆圈并列摆放，双人搭档并脚连续跳。跳的时候，可以采用双脚并拢跳、双脚叉开跳、单脚跳等玩法。② 彩色圆圈事先可以有规则放，也可随意放，让儿童自由地跳来跳去玩耍；家长可以指定儿童跳到某个颜色的圆圈中。
运动量：运动时间5～8分钟。

提示：跳跃时注意双膝微曲，保护膝盖；双人搭档跳时，可喊口令保持动作一致。

② 交接棒

长高星级：★★★★
适合年龄：3 岁及以上。
运动功效：发展快速反应能力和移动速度。
技能发展：肌力　爆发　耐力　协调　平衡　敏捷　速度　节奏　柔韧　技巧
动作要领：爸爸、妈妈、儿童各执一根长棍子，以手扶棍杵地，各相距 1 m 左右，呈三足鼎立之势；爸爸喊出"换"的信号，三人一起松手，以逆时针方向跑，并迅速抓住下一人的棍子。游戏过程中，不能让棍子掉地。
运动量：运动时间 5～8 分钟。
提示：可以顺时针、逆时针交替进行。

3 搬书游戏

长高星级：★★★

适合年龄：3岁及以上。

运动功效：发展身体协调性和四肢力量。

技能发展：肌力 爆发 耐力 协调 平衡 敏捷 速度 节奏 柔韧 技巧

动作要领：孩子做熊爬姿势（仅四肢着地，膝盖悬空），家长将书平放在儿童的背上，儿童以熊爬的姿势前进，并保持背部水平。家长可以和儿童一起搬书前进。

运动量：运动时间5～8分钟。

提示：熊爬时双腿发力，左右腿交替运动；用双手保持平衡并辅助牵拉；尽量保持后背平直。

4 小鸭学步走

长高星级：★★★

适合年龄：3岁及以上。

运动功效：发展身体协调性，并拉伸腿部韧带。

技能发展：肌力　爆发　耐力　协调　平衡　敏捷　速度　节奏　柔韧　技巧

动作要领：家长和儿童站立，弯腰用手抓住脚踝，比赛前进，看谁先走到终点。

运动量：运动时间5～8分钟。

提示：行走过程中腿部不能弯曲。

小鸭学步走

5 踩脚印跨步走

长高星级：★★★★★

适合年龄：3岁及以上。

运动功效：增加腿部力量、协调能力、节奏感和空间认知。

技能发展：肌力　爆发　耐力　协调　平衡　敏捷　速度　节奏　柔韧　技巧

动作要领：地面上画一排脚印，每个脚印之间的距离要符合儿童大跨步的步距。儿童挺胸，精神抖擞地大跨步走，要踩到脚印里面，不能踩到外面，双手也要甩起来。

运动量：运动时间5～8分钟。

提示：当儿童玩游戏的速度看起来像跑步时，须纠正重来；可以定好起点和终点，儿童和家长比比谁快；地面上不画脚印，画圈圈也可以。

6 格子追逐跑

长高星级: ★★★★

适合年龄: 3岁及以上。

运动功效: 增强心肺功能和身体灵活性。

技能发展: 肌力 爆发 耐力 协调 平衡 敏捷 速度 节奏 柔韧 技巧

动作要领: 地上画一个四边形方格,两名儿童对角站立。"开始"口令发出后,两人沿格子按逆时针或逆时针跑动,互相追赶对方,一方被追到时游戏结束。

运动量: 运动时间5～8分钟。

提示: 追赶时,两人需沿着地上画好的路线跑;转弯时,需及时减速、转弯;室内地板上活动时,也可尝试以擦地板的姿势互相追赶。

7 谁能跳更远

长高星级：★★★★★

适合年龄：3岁及以上。

运动功效：增强下肢爆发力，促进新陈代谢和生长激素分泌，有利于腿部长骨生长，增强心肺功能。

技能发展：肌力　爆发　耐力　协调　平衡　敏捷　速度　节奏　柔韧　技巧

动作要领：家长与儿童并排蹲下做好准备，听到"开始"口令后模仿小青蛙向前方跳出，比一比跳出的距离长短。

运动量：运动时间5～8分钟。

提示：家长要给予儿童足够的激励与鼓励，以促进其更好完成活动。

8 下坡跑

长高星级：★★★★★

适合年龄： 3岁及以上。

运动功效： 增强心肺功能；增强下肢肌肉力量；锻炼敏捷性及平衡性；促进新陈代谢和生长激素分泌，有利于下肢长骨生长。

技能发展： 肌力　爆发　耐力　协调　平衡　敏捷　速度　节奏　柔韧　技巧

动作要领： 选择合适倾斜度的斜坡，长度在8～10 m，儿童从斜坡上跑下。跑的过程中家长可随时给予指令说"停下"，儿童听到口令后需要在两步之内停下。

运动量： 运动时间5～8分钟。

提示： 随时观察儿童情况，合理安排跑步与休息的时间比例。

⑨ 移动篮筐

长高星级：★★★★

适合年龄：5岁及以上。

运动功效：发展协调反应能力与灵活性，锻炼跑和接的运动技能。

技能发展： 肌力　爆发　耐力　协调　平衡　敏捷　速度　节奏　柔韧　技巧

动作要领：家长和儿童之间保持一定距离，儿童抱着纸桶或纸盒跑着去接家长扔出的纸球。家长尽量让儿童接到球，使其有成就感。

运动量：运动时间5～8分钟。

提示：只能用盒子接球，手不能触碰到球。

10 亲子蜘蛛爬

长高星级：★★★

适合年龄：5岁及以上。

运动功效：发展身体协调能力及四肢的肌肉力量。

技能发展：肌力　爆发　耐力　协调　平衡　敏捷　速度　节奏　柔韧　技巧

动作要领：家长和儿童在起跑线仰面躺下，然后臀部离开地面，靠四肢力量支撑前行，先到达终点者获胜。前进过程中臀部不能着地。

运动量：运动时间5～8分钟。

提示：可以倒退爬行。

11 飞越书山

长高星级：★★★★★

适合年龄： 5岁及以上。

运动功效： 发展下肢爆发力，锻炼跳的运动技能。

技能发展： 肌力　爆发　耐力　协调　平衡　敏捷　速度　节奏　柔韧　技巧

动作要领： 在地板上用书侧立设置障碍，障碍的设置可以有高有矮，间距有长有短，让儿童从起点开始跳跃，连续不断跃过障碍、抵达终点。

运动量： 运动时间5～8分钟。

提示： 根据儿童的实际情况，调整书的高度以及间距。

12 追踪筋斗云

长高星级：★★★★
适合年龄：5岁及以上。
运动功效：发展反应能力，锻炼跑的运动技能。
技能发展：<u>肌力</u>　<u>爆发</u>　耐力　<u>协调</u>　平衡　<u>敏捷</u>　<u>速度</u>　节奏　柔韧　技巧
动作要领：家长和儿童各拿一个气球，向上用力抛起，然后跑去接对方下落的气球。
运动量：运动时间5～8分钟。
提示：可以要求儿童双脚并拢跳着去接、单脚跳着去接。

13 闯山沟

长高星级：★★★★

适合年龄：5岁及以上。

运动功效：发展快速反应能力和移动速度。

技能发展：肌力　爆发　耐力　协调　平衡　敏捷　速度　节奏　柔韧　技巧

动作要领：在地板上画两条相隔1～2 m的平行线，长度2～3 m。平行线之间为山沟，爸爸妈妈和儿童猜拳，输的为狼，只能在山沟里活动。剩下两人可互相配合穿越山沟，狼在山沟中拍打其余的人，一旦被拍中则互换角色。

运动量：运动时间5～8分钟。

提示：爸爸妈妈要让着孩子，给孩子游戏的成就感。

闯山沟

14 悬空螃蟹爬

长高星级：★★★

适合年龄：5岁及以上

运动功效：发展身体协调能力、爬行的运动技能及手臂、腰部的肌肉力量。

技能发展：肌力　爆发　耐力　协调　平衡　敏捷　速度　节奏　柔韧　技巧

动作要领：儿童双腿放在沙发上，双臂在地面支撑身体横向移动。家长可以打开双腿作为障碍物，孩子手撑地侧向移动时要躲避障碍物，横向移动几个来回。

运动量：运动时间5～8分钟。

提示：使用腹部核心力量，身体始终保持在一个平面。

第五节 平衡类游戏

1 亲子摇篮

长高星级：★★★
适合年龄：3岁及以上。
运动功效：提高运动时的身体平衡能力。
技能发展：肌力 爆发 耐力 协调 平衡 敏捷 速度 节奏 柔韧 技巧
动作要领：① 儿童和家长面对面，儿童两脚踩在家长脚背上，家长拉住儿童的手，左右慢慢摇摆。② 家长环抱住儿童腋下，左右摇摆儿童身体，或抱着转圈。
运动量：运动时间5～8分钟。
提示：注意保持运动节奏，晃动时找平衡的感觉。

② 守卫自己的阵地

长高星级：★★★

适合年龄：3岁及以上。

运动功效：通过增强上肢、手臂以及腰腹力量，提高平衡能力。

技能发展：肌力 爆发 耐力 协调 平衡 敏捷 速度 节奏 柔韧 技巧

动作要领：儿童趴在垫上，双手牢牢抓住垫子边缘，防止被家长拉离自己的位置。家长抓住儿童的脚踝，用适当力气把儿童从垫子上往下拉。

运动量：运动时间5～8分钟。

提示：垫子应有一定厚度，也可以选择在床上游戏。家长拉儿童时，要根据儿童的年龄适当用力。

③ 膝盖山大挑战

长高星级：★★★

适合年龄：3岁及以上。

运动功效：发展平衡力、灵活性与肌肉力量。

技能发展：肌力　爆发　耐力　协调　平衡　敏捷　速度　节奏　柔韧　技巧

动作要领：爸爸和妈妈背靠墙壁，膝盖弯曲。爸爸握住儿童双手，让儿童站在爸爸的膝盖上，并且保持平衡，然后再侧转身跨向妈妈的膝盖并站稳。

运动量：运动时间5～8分钟。

提示：建议在软垫上进行此项运动，防止孩子跌倒受伤。

膝盖山大挑战

4 金鸡独立

长高星级：★★★
适合年龄：3岁及以上。
运动功效：发展身体协调性、感统平衡和专注力。
技能发展：肌力　爆发　耐力　协调　平衡　敏捷　速度　节奏　柔韧　技巧
动作要领：家长和儿童手拉手,闭眼单脚站立,看谁坚持的时间长。
运动量：运动时间5～8分钟。
提示：可以在脚背上放些圆润点的道具,以增加难度。

5 圆木风车

长高星级：★★★

适合年龄：3岁及以上。

运动功效：发展感统平衡。

技能发展：肌力 爆发 耐力 协调 平衡 敏捷 速度 节奏 柔韧 技巧

动作要领：儿童平躺在地板上，家长一手握住儿童的膝盖，一手握住孩子的颈部进行旋转。定好要转的圈数，然后和孩子一起计数。

运动量：运动时间5～8分钟。

提示：转得太快孩子会害怕，所以一定要控制好速度。

圆木风车

6 后仰拉伸

长高星级：★★★

适合年龄：4岁及以上。

运动功效：增强背部肌肉力量，提高心肺功能及机体平衡能力。

技能发展：肌力　爆发　耐力　协调　平衡　敏捷　速度　节奏　柔韧　技巧

动作要领：家长和儿童一起趴在垫子上，用手从背后去握住自己的脚，让身体摇来摇去。

运动量：运动时间3～5分钟（30～40秒×5组）。

提示：大腿尽量抬离地面。

❼ 谁先出圈

长高星级：★★★

适合年龄：4岁及以上。

运动功效：增强腿部肌肉力量，增强机体平衡能力，增强心肺功能，促进身体生长。

技能发展：肌力 爆发 耐力 协调 平衡 敏捷 速度 节奏 柔韧 技巧

动作要领：在地上画一个圈，家长和儿童或两个儿童在圈内互相用力推对方，将对方推到圈外。可有两种玩法：① 两人面对面站立，手掌相对，同时用力把对方推到圈外；② 两人双手交叉放在胸前，单脚站立，用身体部位顶推对方，将对方推出圈外。

运动量：运动时间5～8分钟。

提示：掌对掌时，双手用力；双手抱于胸前时，身体接触，臀部用力。

8 单脚跳的大公鸡

长高星级：★★★★★

适合年龄：4岁及以上。

运动功效：增强心肺功能；提高平衡能力，促进单脚跳跃能力发展；促进新陈代谢和生长激素分泌，有利于腿部长骨生长。

技能发展：肌力　爆发　耐力　协调　平衡　敏捷　速度　节奏　柔韧　技巧

动作要领：将圆圈连续摆放在空旷的地面上，儿童单脚连续向前跳跃圆圈，跳到尽头时换另一只脚返回，重复上述活动，双脚交替完成。

运动量：运动时间5～8分钟。

提示：初始阶段可将圆圈沿直线摆好；难度进阶之后可尝试将圆圈按不规则的曲线摆放，令儿童尝试在跳跃过程中不断根据目标调整自身位置和朝向；随时观察儿童神色表情，以提醒其换脚或及时休息。

⑨ 滚滚保温杯

长高星级：★★★

适合年龄：5岁及以上。

运动功效：发展腿部力量和平衡协调能力。

技能发展：肌力　爆发　耐力　协调　平衡　敏捷　速度　节奏　柔韧　技巧

动作要领：家长拉着儿童的手，儿童站在保温杯上用脚控制保温杯向前滚。

运动量：运动时间5～8分钟。

提示：可以尝试让儿童自己扶着墙壁，用脚控制保温杯向前滚。

10 双人顶膝

长高星级：★★★★

适合年龄：5岁及以上。

运动功效：发展下肢力量、弹跳力和平衡能力。

技能发展：**肌力** **爆发** 耐力 **协调** **平衡** **敏捷** 速度 节奏 柔韧 技巧

动作要领：儿童和家长相对而站，分别用左手提起右脚脚踝或右手提起左脚脚踝，以膝盖为武器，单足弹跳，相互撞击，双脚落地即为输。

运动量：运动时间5～8分钟。

提示：家长要适当让着儿童，给其成就感。

11 平衡的猫步

长高星级： ★★★

适合年龄： 5岁及以上。

运动功效： 发展儿童的身体协调能力与平衡性。

技能发展： 肌力　爆发　耐力　协调　平衡　敏捷　速度　节奏　柔韧　技巧

动作要领： 用绳子围成一个圆形（周长可根据需要决定），儿童四肢着地"踩"在绳子上，开始沿着绳子前进。前进过程中，手脚都不能离开绳子，到终点后和家长击掌。

运动量： 运动时间5～8分钟。

提示： 家长和儿童可以比赛，看谁用时短。

平衡的猫步

12 亲子单脚蹲起

长高星级：★★★★

适合年龄：5岁及以上。

运动功效：增强四肢肌肉力量，增强机体协调能力，刺激骨骼生长。

技能发展：肌力　爆发　耐力　协调　平衡　敏捷　速度　节奏　柔韧　技巧

动作要领：儿童和家长手拉手、面对面单脚站立，两人配合一同蹲下、一同站起。左脚站累了换右脚玩，熟练后也可以一个人独立完成挑战。

运动量：运动时间5～8分钟。

提示：下蹲、站起需要双人平衡协作，互相借力。

13 小长腿钓鱼

长高星级：★★★

适合年龄：6岁及以上。

运动功效：发展身体协调能力与平衡能力。

技能发展：肌力　爆发　耐力　协调　平衡　敏捷　速度　节奏　柔韧　技巧

动作要领：儿童单脚站立，在抬起的脚上放一本书，保持身体平衡的状态下将脚抬高，直到用手拿到脚背上的书。

运动量：运动时间5～8分钟。

提示：家长和儿童可以互换角色进行。

第六节 灵敏类游戏

1 左手摸右耳朵

长高星级：★★★

适合年龄：3岁及以上。

运动功效：发展快速反应能力。

技能发展：肌力　爆发　耐力　协调　平衡　敏捷　速度　节奏　柔韧　技巧

动作要领：妈妈做裁判，妈妈喊出"左手摸右耳""右耳摸左手""左手摸左耳"等口令后，儿童和爸爸根据妈妈的口令完成动作。注意："手摸耳"要做动作，"耳摸手"则不能做动作。

运动量：运动时间5～8分钟。

提示：可以让儿童做裁判，让其体会"发号施令"的感觉。

② 小矮人争夺战

长高星级：★★★★
适合年龄：3岁及以上。
运动功效：发展反应能力和肌肉耐力。
技能发展：肌力 爆发 耐力 协调 平衡 敏捷 速度 节奏 柔韧 技巧
动作要领：准备一个软抱枕，家长和儿童围着软抱枕绕圈跑。家长与儿童轮流喊"抢"的口令，"抢"的口令出来后，先坐到软抱枕上者获胜。
运动量：运动时间5～8分钟。
提示：家长要注意让儿童有机会抢到软抱枕。

3 螃蟹夹夹夹

长高星级：★★★

适合年龄：3岁及以上。

运动功效：发展快速反应能力，提高专注度。

技能发展：肌力　爆发　耐力　协调　平衡　**敏捷**　**速度**　**节奏**　柔韧　**技巧**

动作要领：儿童坐在地上，伸直双腿，双手在身后撑住身体，不断开合双腿，以夹住家长放下的道具。

运动量：运动时间5～8分钟。

提示：家长和儿童可以互换角色进行。

④ 小鸟回家

长高星级：★★★★

适合年龄：3岁及以上。

运动功效：发展灵敏性和手眼配合能力。

技能发展：肌力　爆发　耐力　协调　平衡　敏捷　速度　节奏　柔韧　技巧

动作要领：家长坐在地上，儿童手拿纸盒站在家长身后。家长向后抛球，儿童用纸盒接住家长抛出的球。

运动量：运动时间5～8分钟。

提示：可以互换角色进行。

5 抓尾巴

长高星级：★★★★

适合年龄：3岁及以上。

运动功效：通过练习追逐和躲闪，提高反应速度和应变能力。

技能发展：肌力　爆发　耐力　协调　平衡　敏捷　速度　节奏　柔韧　技巧

动作要领：将毛巾塞入后腰当作尾巴。儿童和家长面对面蹲着问对方："妈妈，你的尾巴是谁的？""我的尾巴是老虎的。宝贝，你的尾巴是谁的？""我的尾巴是兔子的。"问完后，互相追逐并躲闪，看谁能抓到对方的尾巴。

运动量：运动时间5～8分钟。

提示：追逐时要保持身体平衡，不要摔倒。

抓尾巴

6 十字躲球

长高星级：★★★

适合年龄：3岁及以上。

运动功效：发展身体协调能力与快速反应能力。

技能发展：肌力　爆发　耐力　协调　平衡　敏捷　速度　节奏　柔韧　技巧

动作要领：准备几个乒乓球，儿童呈十字形仰躺在地上，家长将球滚向儿童的腰、头、手臂、小腿等部位，儿童通过抬腰、抬头、抬手臂、抬小腿等来躲开球。

运动量：运动时间5～8分钟。

提示：可以互换角色进行游戏。

十字躲球

7 找准时机

长高星级：★★★

适合年龄：3岁及以上。

运动功效：发展快速反应能力和灵敏性。

技能发展：肌力　爆发　耐力　协调　平衡　敏捷　速度　节奏　柔韧　技巧

动作要领：在桌子上放几个道具，家长在上方拿着垂有重物的绳子在道具前摇晃，儿童要看准时机，避开绳子拿到道具。

运动量：运动时间5～8分钟。

提示：可以互换角色进行游戏。

8 数字探险

长高星级：★★★★★

适合年龄：3岁及以上。

运动功效：促进下肢肌肉力量及敏捷性发展；促进听觉专注发展；促进新陈代谢和生长激素分泌，有利于腿部长骨生长；增强心肺功能。

技能发展：肌力　爆发　耐力　协调　平衡　敏捷　速度　节奏　柔韧　技巧

动作要领：将贴有1～9数字的地垫按九宫格样式摆好，儿童站在一格数字上；家长口头随机发出一个数字指令，令儿童从原处跳至目标数字地垫上站稳。重复上述活动，关注落地稳定性以及跳跃的准确性。

运动量：运动时间5～8分钟。

提示：如果没有数字地垫，可选择大小合适的地砖，在其上用记

号笔做好标记,或者打印好带有数字的纸张贴在地面上;儿童能力较强时,可通过要求儿童跳跃时始终面向家长来增加难度。

9 花样抛接球

长高星级:★★★
适合年龄:4岁及以上。
运动功效:提高运动灵敏程度、空间认知、身体认知以及抛接技巧。
技能发展:肌力　爆发　耐力　协调　平衡　敏捷　速度　节奏　柔韧　技巧
动作要领:平躺于地板或垫子上,弯曲膝盖、脚掌着地,用力向上抛软球,然后迅速站起接住球。
运动量:运动时间5～8分钟。
提示:抛球时要尽力抛向高处。可使用其他物品代替软球,使用的上抛物品不能有棱角,防止刮伤。

10 蹦蹦蹲儿

长高星级：★★★★
适合年龄：4岁及以上。
运动功效：发展快速反应能力，锻炼跳的运动技能。
技能发展：肌力 爆发 耐力 协调 平衡 敏捷 速度 节奏 柔韧 技巧
动作要领：家长拿一根充气棒，先放在儿童的脚边，儿童跳过去；然后家长快速将充气棒移动到儿童胸部左右的高度，儿童要快速反应，蹲下来躲避。以上动作循环进行。
运动量：运动时间5～8分钟。
提示：家长要注意儿童的动作，速度不要太快，以免打到儿童。

11 弹力带萝卜蹲

长高星级：★★★★
适合年龄：4岁及以上。
运动功效：通过弹力带的阻力，强化整体肌肉力量，刺激长骨增长。
技能发展：**肌力**　爆发　**耐力**　协调　平衡　敏捷　速度　**节奏**　柔韧　技巧
动作要领：家长为儿童选择合适弹性及长度的弹力带，儿童双脚打开与肩同宽，踩住弹力带，屈肘将弹力带拉高到与肩同高的位置。爸爸、妈妈、儿童分别以颜色给萝卜命名，并各自选一个代表自己。随机选一人开始，边做蹲起动作的同时边说："白萝卜蹲，白萝卜蹲，白萝卜蹲完红萝卜蹲。"说完的同时"红萝卜"做蹲起动作并指定下一人，依次在游戏活动中完成抗阻蹲起活动。
运动量：运动时间5～8分钟。
提示：游戏过程中注意膝盖不要超过脚尖，避免对膝关节的伤害。弹力带的阻力可根据儿童能力做出调整。

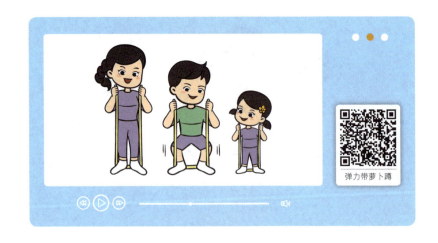

灵敏类游戏｜第六节

12 空中击球

长高星级：★★★

适合年龄：5岁及以上。

运动功效：发展儿童的协调性与灵敏性，锻炼击打的运动技能。

技能发展：肌力 爆发 耐力 协调 平衡 敏捷 速度 节奏 柔韧 技巧

动作要领：家长将废纸团投向儿童，儿童用塑料瓶当作球棒击打。家长和儿童轮换，每人击打10次，击中次数多的获胜。

运动量：运动时间5～8分钟。

提示：用更小的塑料瓶可增加难度。

13 空中乒乓球

长高星级：★★★

适合年龄：5岁及以上。

运动功效：发展运动的灵敏性，锻炼球类对打能力。

技能发展：肌力 爆发 耐力 协调 平衡 敏捷 速度 节奏 柔韧 技巧

动作要领：家长和儿童分别用双手举着一本书，家长将球打向空中，儿童用书将球打回给家长。反复击打，不要让球落地。

运动量：运动时间5～8分钟。

提示：可以选乒乓球等轻一点的球。

14 抓气球

长高星级：★★★★

适合年龄：5岁及以上。

运动功效：发展协调性、灵敏性、速度。

技能发展：肌力 爆发 耐力 协调 平衡 敏捷 速度 节奏 柔韧 技巧

动作要领：家长坐在地板上，儿童站在距家长两米远的位置。家长将气球吹鼓之后，将其举高，数三下后松手放气，气球飞走。儿童跑着去抓气球。

运动量：运动时间5～8分钟。

提示：可以让儿童放气球，家长去抓，增加儿童玩游戏的兴趣。

15 趣味跳绳

长高星级：★★★★★

适合年龄：5岁及以上。

运动功效：增强心肺功能，增强下肢肌肉力量和协调性，更好地掌握跳绳节奏，促进新陈代谢和生长激素分泌，有利于腿部长骨生长。

技能发展：肌力　爆发　耐力　协调　平衡　敏捷　速度　节奏　柔韧　技巧

动作要领：合作跳绳，父母分列两边拉住长绳进行甩动，儿童站在绳子中间，把握好长绳飞起的时机跳跃。

运动量：运动时间5～8分钟。

提示：家长可在此过程中不断调节甩绳的速度，调节速度前可口头告知儿童令其做好准备。

第七节 协调类游戏

1 穿过呼啦圈比赛

长高星级：★★★
适合年龄：3岁及以上。
运动功效：增强全身肢体协调能力及运动能力。
技能发展：肌力　爆发　耐力　**协调**　平衡　敏捷　速度　**节奏**　**柔韧**　**技巧**
动作要领：把呼啦圈从头或从脚开始，穿过自己的身体，就像自己穿衣服一样。也可以2人在一起，把呼啦圈套进去，再拿出来，进行比赛。
运动量：运动时间5～8分钟。
提示：家长计时1分钟，看看儿童能够完成几次。

2 拍右、拍左、拍脚跟

长高星级：★★★★★

适合年龄：3岁及以上。

运动功效：增强小腿肌肉力量，促进小腿长骨生长，增强机体平衡能力。

技能发展：肌力　爆发　耐力　协调　平衡　敏捷　速度　节奏　柔韧　技巧

动作要领：自然站立，通过不同的方式拍自己的脚跟。比如：在身体前方左手拍抬起的右脚跟、右手拍左脚跟，在身体后方左手拍右脚跟、右手拍左脚跟等，各种方向都尝试着做，按照一定的规律循环进行。

运动量：运动时间3～5分钟。

提示：注意手脚配合，身体保持平衡协调。

3 传送带抛接球

长高星级：★★★

适合年龄：3岁及以上。

运动功效：发展身体协调能力，锻炼抛的运动技能。

技能发展：肌力　爆发　耐力　**协调**　平衡　敏捷　速度　**节奏**　柔韧　**技巧**

动作要领：家长双膝跪地，儿童仰躺在垫子上，伸直双腿，将双脚放在家长的肚子上。家长将球顺着儿童的腿抛下，儿童同时将球抛向家长，循环进行。

运动量：运动时间5～8分钟。

提示：可以互换角色，增加游戏乐趣。

4 花样夹球走

长高星级：★★★

适合年龄：3岁及以上。

运动功效：发展身体协调性和团队协作能力。

技能发展：肌力 爆发 耐力 协调 平衡 敏捷 速度 节奏 柔韧 技巧

动作要领：家长和儿童用身体的不同位置夹住球，然后一起前进。

运动量：运动时间5～8分钟。

提示：夹球的部位可以选择儿童的头部和家长的头部、儿童胸部与家长的腹部、儿童后背与家长后腰等。

花样夹球走

5 亲子交叉跳

长高星级：★★★★

适合年龄： 3岁及以上。

运动功效： 发展身体协调性和团队协作能力。

技能发展： 肌力　爆发　耐力　协调　平衡　敏捷　速度　节奏　柔韧　技巧

动作要领： 放一根绳子在地板上，家长和儿童面对面手拉手跳绳，第一次落地两脚落于绳子两侧，第二次落地两脚交叉落于绳子两侧。反复交替进行。

运动量： 运动时间5～8分钟。

提示： 可以在地上画一条线或者贴一条胶带充当绳子。

6 迷你跑酷

长高星级：★★★★

适合年龄：3岁及以上。

运动功效：发展协调性和平衡性，锻炼跳跃的运动技能。

技能发展：肌力　爆发　耐力　协调　平衡　敏捷　速度　节奏　柔韧　技巧

动作要领：爸爸妈妈互相间隔1 m左右并排坐在地上，伸直双腿，两腿打开20 cm左右，让儿童接连跑跳越过。

运动量：运动时间5～8分钟。

提示：对于较小的儿童可降低难度，立定跳远越过障碍。

7 双脚同步

长高星级：★★★★

适合年龄：3岁及以上。

运动功效：发展协调性和平衡性，锻炼跳跃的运动技能。

技能发展：肌力　爆发　耐力　协调　平衡　敏捷　速度　节奏　柔韧　技巧

动作要领：将若干双鞋子摆成不同朝向，排成一列放于地面。家长和儿童从起点开始比赛向前跳跃，跳到鞋子旁时，脚的方向需与鞋尖的方向一致。

运动量：运动时间5～8分钟。

提示：可以在纸上画好箭头排成一列摆在地上，用来代替鞋子。

8 推土机

长高星级：★★★

适合年龄：3岁及以上。

运动功效：发展身体协调能力。

技能发展：肌力　爆发　耐力　协调　平衡　敏捷　速度　节奏　柔韧　技巧

动作要领：准备一个纸盒，儿童做熊爬的姿势，双手放在纸盒里，推着盒子前进，将散落在地上的玩具收集到盒子里。

运动量：运动时间5～8分钟。

提示：家长可以与儿童比赛，看谁收集的玩具多。

9 跳箱运动

长高星级：★★★★★

适合年龄：3岁及以上。

运动功效：增强心肺功能、下肢爆发力及协调性；促进新陈代谢和生长激素分泌，有利于生长。

技能发展：肌力　**爆发**　耐力　**协调**　平衡　敏捷　速度　节奏　柔韧　技巧

动作要领：整理出一个 5 m × 5 m 的空旷场地，将跳箱放置在场地正中间；儿童站在场地边缘，听到口令后向前跑出，迅速跳上跳箱，然后双脚跳落至地面站稳。

运动量：运动时间 5～8 分钟。

提示：跳箱可以用厚实的防滑垫代替。根据儿童的能力水平选择合适高度的跳箱，避免难度过大使儿童失去自信心。

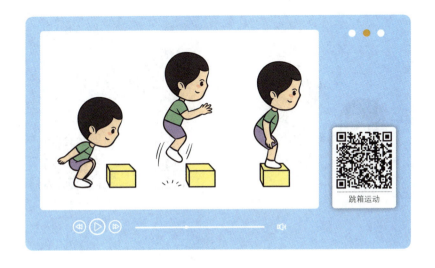
跳箱运动

⑩ 小蛙跳接皮球

长高星级：★★★★★

适合年龄：4岁及以上。

运动功效：增强心肺功能；增强下肢肌肉力量；促进手眼协调发展；促进新陈代谢和生长激素分泌，有利于腿部长骨生长。

技能发展：**肌力**　**爆发**　耐力　**协调**　平衡　**敏捷**　速度　节奏　柔韧　技巧

动作要领：儿童蹲下呈小蛙状，手触地面，家长面向儿童将皮球向前上方抛出，儿童双脚跳起伸出双手接住皮球。不断重复上述动作。

运动量：运动时间5～8分钟。

提示：蹲下起跳，跳得越高越好；关注上下肢协调，即跳起与伸手接球的配合。

小蛙跳接皮球

11 鲨鱼来了

长高星级：★★★★

适合年龄：5岁及以上。

运动功效：发展协调性、敏捷性、力量，锻炼跳跃的运动技能。

技能发展：肌力　爆发　耐力　协调　平衡　敏捷　速度　节奏　柔韧　技巧

动作要领：爸爸和妈妈握住跳绳的两端，摇动跳绳制造波浪，让儿童从绳子上跳过去。爸爸时不时地高喊"鲨鱼来了"。

运动量：运动时间5～8分钟。

提示：家长可以和儿童互换，让儿童摇绳，爸爸或者妈妈跳。

12 小丑竞技

长高星级：★★★

适合年龄：5岁及以上。

运动功效：发展身体协调能力与灵活性。

技能发展：肌力　爆发　耐力　**协调**　平衡　**敏捷**　**速度**　**节奏**　柔韧　**技巧**

动作要领：家长和儿童相对而坐，分别同时用一手抛出沙包，然后迅速抓起纸杯接住对方抛来的沙包，比一比1分钟内谁接的多。

运动量：运动时间5～8分钟。

提示：熟练后，可以用同一只手完成抛沙包、然后迅速抓起纸杯接沙包的动作。

小丑竞技

⑬ 横扫千军

长高星级：★★★

适合年龄：5岁及以上。

运动功效：发展身体协调能力与肌肉力量。

技能发展： 肌力 爆发 耐力 协调 平衡 敏捷 速度 节奏 柔韧 技巧

动作要领：儿童以俯卧撑的姿势做准备，家长拿一根棍子从儿童的手下扫过，棍子扫来时，儿童要及时抬手避让，不然会被打到。

运动量：运动时间3～5分钟。

提示：可以增加难度，让儿童抬起双手避让。

14 青蛙喝水

长高星级：★★★★

适合年龄：5岁及以上。

运动功效：发展身体协调性和下肢力量，锻炼跳的运动技能。

技能发展：肌力　爆发　耐力　协调　平衡　敏捷　速度　节奏　柔韧　技巧

动作要领：将六本书摆在地上围成圈，家长和儿童面对面蹲下并手拉手，两脚各踩一本书，同时喊一二三跳，向右或向左跳一组，循环动作。

运动量：运动时间5～8分钟。

提示：跳的速度不要太快，以免失去平衡。不想踩书的可以在地上画圈，脚踩在圆圈中跳跃。

青蛙喝水

附表

3～6岁儿童基本运动技能形式与要求[①]

分类	3～4岁	4～5岁	5～6岁
平衡、协调、灵敏	1. 能沿地面直线或在较窄的低矮物体上走一段距离 2. 能双脚灵活交替上下楼梯 3. 能身体平稳地双脚连续向前跳 4. 分散跑时能躲避他人的碰撞 5. 能双手向上抛球	1. 能在较窄的低矮物体上平稳地走一段距离 2. 能以匍匐、膝盖悬空等多种方式钻爬 3. 能助跑跨跳过一定距离，或助跑跨跳过一定高度的物体 4. 能与他人玩追逐、躲闪跑的游戏 5. 能连续自抛自接球	1. 能在斜坡、荡桥和有一定间隔的物体上较平稳地行走 2. 能以手脚并用的方式安全地爬攀登架、网等 3. 能连续跳绳 4. 能躲避他人滚过来的球或扔过来的沙包 5. 能连续拍球
力量、耐力	1. 能双手抓杠悬空吊起10秒左右 2. 能单手将沙包向前投掷2 m左右 3. 能单脚连续向前跳2 m左右 4. 能快跑15 m左右 5. 能行走1 km左右（途中可适当停歇）	1. 能双手抓杠悬空吊起15秒左右 2. 能单手将沙包向前投掷4 m左右 3. 能单脚连续向前跳5 m左右 4. 能快跑20 m左右 5. 能连续行走1.5 km左右（途中可适当停歇）	1. 能双手抓杠悬空吊起20秒左右 2. 能单手将沙包向前投掷5 m左右 3. 能单脚连续向前跳8 m左右 4. 能快跑25 m左右 5. 能连续行走1.5 km以上（途中可适当停歇）

[①] 中华人民共和国教育部.3—6岁儿童学习与发展指南［EB/OL］.（2012-10-09）［2022-06-03］.http://www.moe.gov.cn/srcsite/A06/s3327/201210/t20121009_143254.html.

附表 | 3～6岁儿童基本运动技能形式与要求

续表

分类	3～4岁	4～5岁	5～6岁
跳跃	1. 能从30 cm高处自然下跳 2. 双脚立定跳60 cm、纵跳摸高15 cm 3. 双脚连续向前跳5 m、单脚原地连续跳4次以上 4. 助跑跨跳高20 cm的栏架	1. 立定跳远80 cm、助跑跨跳60 cm宽的平衡线 2. 能从40 cm高处自然下跳 3. 双脚连续向前跳8 m 4. 纵跳摸高20 cm 5. 屈膝跳过垂直障碍20 cm、单脚行进间连续跳8次以上 6. 助跑跨跳高30 cm的栏架	1. 立定跳远100 cm以上、从50 cm高处跳下、助跑跨跳80 cm宽的平行线 2. 屈膝跳过垂直障碍30 cm、能连续跳越多个高40 cm宽15 cm的障碍 3. 双脚连续向前跳10 m、单脚行进间连续跳12次以上 4. 助跑跨跳高40 cm的栏架、连续跳绳10次以上
抛投	1. 在宽6 m的范围内投掷网球不低于5 m 2. 会左右单手或双手朝上方抛球，会用力向前向后自然地抛球，能接住1～2 m远抛来的球	1. 在宽6 m的范围内投掷网球不低于8 m 2. 会朝前、上、后方向准确地抛球，会向上自抛自接球，能两人相距1～2 m互抛互接大球	1. 在宽6 m的范围内投掷网球不低于10 m。尽可能向指定目标投 2. 能熟练地向任何方向抛球或接到球，对突然来球有躲闪意识，能躲过中等力量的来球，能两人相距2～4 m互抛互接大球
手的动作灵活协调	1. 能用笔涂涂画画 2. 能熟练地用勺子吃饭 3. 能用剪刀沿直线剪，边线基本吻合	1. 能沿边线较直地画出简单图形，或能边线基本对齐地折纸 2. 会用筷子吃饭 3. 能沿轮廓线剪出由直线构成的简单图形，边线吻合	1. 能根据需要画出图形，线条基本平滑 2. 能熟练使用筷子 3. 能沿轮廓线剪出由曲线构成的简单图形，边线吻合且平滑 4. 能使用简单的劳动工具或用具

主要参考文献

［1］中华人民共和国教育部.3—6岁儿童学习与发展指南［M］.北京：首都师范大学出版社，2019.

［2］刘继勇，陆大江.亲子运动游戏［M］.上海：复旦大学出版社，2021.

［3］陆大江，张勇.3—6岁儿童运动游戏实例［M］.上海：复旦大学出版社，2021.

［4］朱宗涵，曹彬.儿童早期运动发展与促进［M］.北京：人民卫生出版社，2021.

［5］［日］前桥明.0～5岁儿童运动娱乐指导百科［M］.陆大江，译.上海：复旦大学出版社，2015.

［6］张光元，陆大江.幼儿足球训练游戏［M］.上海：复旦大学出版社，2021.

［7］罗红梅，赵星，陈皆播.《学龄前儿童（3—6岁）运动指南》指导手册［M］.北京：科学出版社，2021.

［8］中华医学会儿科学分会内分泌遗传代谢学组，中华医学会儿科学分会儿童保健学组，中华儿科杂志编辑委员会.儿童体格发育评估与管理临床实践专家共识［J］.中华儿科杂志，2021，59（03）：169-174.

［9］李辉，季成叶，宗心南，张亚钦.中国0～18岁儿童、青少年身高、体重的标准化生长曲线［J］.中华儿科杂志，2009，49（07）：487-492.

长高运动项目索引

跳跃运动

纵跳摸高击掌 / 34

单双脚跳绳 / 35

摇臂开合跳 / 36

宽距横跨跳 / 37

窄距横跨跳 / 38

并腿字母跳 / 39

并腿数字跳 / 40

小兔跳 / 41

连续立定跳远 / 42

开合式跳绳 / 43

单腿数字跳 / 44

快速小兔跳 / 45

行进间左右横跨跳 / 46

行进间开合式跳绳 / 47

多象限开合跳 / 48

并腿N字跳 / 49

有氧运动

花式触脚跳 / 50

原地高抬腿 / 51

交替弓箭步 / 52

单腿交替跳 / 53

扶椅高抬腿 / 54

踩点舞 / 55

肌肉力量运动

静力半蹲 / 56

俯卧举小腿练习 / 57

双臂爬行 / 58

站立划船 / 59

核心练习 / 60

弹力带膝关节开合 / 61

坐姿负重伸腿 / 62

仰卧直抬腿 / 63

半蹲跳 / 64

卷腹摸膝 / 65

侧支撑 / 66

俯卧登山 / 67

原地深蹲跳 / 68

长高运动项目索引

弹力带小腿拉伸 / 69
俯卧撑开合腿 / 70
弹力带站姿提拉 / 71

拉伸运动

转头训练 / 72
弹力带环绕 / 73
肩部后伸展 / 74
交叉上举拉伸 / 75
侧身上举 / 76
双手支撑拉伸 / 77
膝关节震荡 / 78
交替前弓步 / 79
前后弓箭步 / 80
脚踝外展 / 81
对侧颈屈 / 82
扶杆转体拉伸 / 83
跪拜式拉伸 / 84
体侧侧屈拉伸 / 85
坐位臀肌拉伸 / 86
分腿体前屈 / 87
单腿支撑拉伸 / 88

体态管理

脊柱侧弯改善练习
竖脊肌力量平衡 / 90

后仰伸展背肌 / 91
髋部肌群拉伸 / 92
抱膝静力伸展背肌 / 93
伸展胸腹肌 / 94
伸展腹斜肌 / 95
跪卧撑 / 96
顶髋练习 / 97
仰卧挺胸 / 98

X 型腿改善练习

弹力带抬腿 / 100
弹力带半蹲 / 101
侧弓步 / 102
侧卧举腿 / 103
相扑蹲 / 104

O 型腿改善练习

脚踝运动 / 106
侧卧夹腿 / 107
髋关节练习 / 108

扁平足改善练习

原地提踵 / 110
坐姿举腿练习 / 111
脚底滚球练习 / 112

亲子游戏项目索引

身体姿势控制类

树和树懒 / 116

我的小长腿 / 117

膝盖撑地击掌 / 118

转陀螺 / 119

靠墙倒立 / 120

蝎子倒钩 / 121

自动雨刮器 / 122

人体拱桥 / 123

小猫伸懒腰 / 124

身体支撑做V字 / 125

小推车 / 126

谁的马力足 / 127

导弹发射 / 128

鲤鱼摆尾 / 129

肢体精细控制类

足足相传 / 130

保龄球 / 131

孵小鸡 / 132

快乐卷卷卷 / 133

打豆豆 / 134

足排球 / 135

小球接力赛 / 136

大脚碰小脚 / 137

筷子运动 / 138

瓶盖保龄球 / 139

一字马比赛 / 140

火烈鸟运球 / 141

物体控制类

背后扔球 / 142

扔到河马嘴里 / 143

袋鼠跳跳跳 / 144

亲子夹物机 / 145

快乐颠气球 / 146

毛毛虫 / 147

投射大比拼 / 148

魔毯飞人 / 149

小小运输员 / 150

亲子游戏项目索引

小海狮顶气球 / 151
套圈 / 152
托球看字 / 153
卧式颠球 / 154

移动类

单双人跳圈 / 155
交接棒 / 156
搬书游戏 / 157
小鸭学步走 / 158
踩脚印跨步走 / 159
格子追逐跑 / 160
谁能跳更远 / 161
下坡跑 / 162
移动篮筐 / 163
亲子蜘蛛爬 / 164
飞越书山 / 165
追踪筋斗云 / 166
闯山沟 / 167
悬空螃蟹爬 / 168

平衡类

亲子摇篮 / 169
守卫自己的阵地 / 170
膝盖山大挑战 / 171
金鸡独立 / 172

圆木风车 / 173
后仰拉伸 / 174
谁先出圈 / 175
单脚跳的大公鸡 / 176
滚滚保温杯 / 177
双人顶膝 / 178
平衡的猫步 / 179
亲子单脚蹲起 / 180
小长腿钓鱼 / 181

灵敏类

左手摸右耳朵 / 182
小矮人争夺战 / 183
螃蟹夹夹夹 / 184
小鸟回家 / 185
抓尾巴 / 186
十字躲球 / 187
找准时机 / 188
数字探险 / 189
花样抛接球 / 190
蹦蹦蹲儿 / 191
弹力带萝卜蹲 / 192
空中击球 / 193
空中乒乓球 / 194
抓气球 / 195
趣味跳绳 / 196

亲子游戏项目索引

协调类

穿过呼啦圈比赛 / 197

拍右、拍左、拍脚跟 / 198

传送带抛接球 / 199

花样夹球走 / 200

亲子交叉跳 / 201

迷你跑酷 / 202

双脚同步 / 203

推土机 / 204

跳箱运动 / 205

小蛙跳接皮球 / 206

鲨鱼来了 / 207

小丑竞技 / 208

横扫千军 / 209

青蛙喝水 / 210

图书在版编目(CIP)数据

儿童长高运动游戏指导/庞海,陆大江,童梅玲主编.—上海：复旦大学出版社,2022.9
(2024.6重印)
ISBN 978-7-309-16308-7

Ⅰ.①儿… Ⅱ.①庞… ②陆… ③童… Ⅲ.①儿童-体育游戏 Ⅳ.①G898

中国版本图书馆 CIP 数据核字(2022)第 125193 号

儿童长高运动游戏指导
庞　海　陆大江　童梅玲　主编
责任编辑/赵连光

复旦大学出版社有限公司出版发行
上海市国权路 579 号　邮编：200433
网址：fupnet@fudanpress.com　http://www.fudanpress.com
门市零售：86-21-65102580　团体订购：86-21-65104505
出版部电话：86-21-65642845
上海丽佳制版印刷有限公司

开本 890 毫米×1240 毫米　1/32　印张 7.125　字数 166 千字
2022 年 9 月第 1 版
2024 年 6 月第 1 版第 2 次印刷
印数 6 101—7 200

ISBN 978-7-309-16308-7/G·2386
定价：35.00 元

如有印装质量问题，请向复旦大学出版社有限公司出版部调换。
版权所有　侵权必究